Anna Mancini

I0426593

Sus Sueños Pueden Salvar Su Vida

Cómo y por qué los sueños nos alertan de todos los peligros: terremotos, maremotos, tornados, tormentas, deslizamientos de tierra, accidentes de avión, agresiones, atentados, robos, etc.

Buenos Books America
www.buenosbooks.us

© Autora: Anna Mancini - www.amancini.com

©Traductora: Lourdes Soules, Contacto: lbsoules@yahoo.com

http://ar.linkedin.com/in/lourdessoules

http://www.buenosbooks.us

info@buenosbooks.us

ISBN: 9781493684137
CreateSpace Independent Publishing Platform
and Buenos Books America

INTRODUCCIÓN

Estos últimos años, asistimos en todo el mundo a una aceleración del ritmo de catástrofes naturales. A pesar del avance de nuestras tecnologías, los poderes públicos no siempre están en condiciones de prevenir a tiempo a las poblaciones. Por esto, la humanidad continúa pagando un pesado tributo en vidas humanas y en gastos materiales a los desencadenamientos de la Naturaleza.

Sin embargo, esta situación podría ser fácilmente mejorada. Numerosas vidas podrían ser salvadas e importantes gastos evitados si cada uno aprendiera a escuchar mejor los mensajes que su cuerpo— que está permanentemente en comunicación con la Naturaleza — le transmite a través del canal de los sueños. En efecto, no existe instrumento más eficaz que el viviente, (por ejemplo el cuerpo de una persona o de un animal) para detectar los signos precursores de catástrofes naturales y permitir la huida, antes que sea demasiado tarde. Esta capacidad que tiene el cuerpo humano o animal de percibir los cambios de su entorno forma parte del instinto de vida.

La Tierra, así como nosotros mismos, no es solamente materia, también es energía y sus transformaciones materiales que nos toman a veces de improviso por su aparente rapidez, son en realidad precedidas mucho antes del desencadenamiento material por elementos naturales, por cambios energéticos y vibratorios de naturaleza terrestre, pero también cósmica. Son esos cambios los que el cuerpo humano es hoy capaz de captar sin que tengamos consciencia y es también ese fenómeno natural el que permite a los animales, durante los desastres naturales, escapar de la muerte más eficazmente que la mayoría de los seres humanos que perdieron su intuición, ya no saben comunicar con su cuerpo y ya no prestan atención a sus sueños.

Nuestro cuerpo es extraordinariamente sensible a las mínimas variaciones de nuestro entorno. También tiene un poderoso instinto de vida que lo pone en alerta en cuanto siente un peligro y le hace sonar la alarma utilizando el canal de los sueños o de la intuición. Posee una notable sensibilidad a los cambios energéticos y otros signos precursores de catástrofes naturales. Una observación atenta sobre un período de tiempo bastante largo de las conexiones entre los sueños y la realidad pone en evidencia el hecho que también es muy sensible a los pensamientos y emociones de otros seres humanos. En efecto, también tienen una dimensión energética, a veces incluso perfectamente perceptible por algunas personas directamente en estado de vigilia.

Mis años de investigaciones fuera de los senderos andados, en los vínculos entre los sueños, la realidad y el entorno de las personas, me permitieron comprender cómo el cuerpo humano en su conjunto capta numerosas informaciones provenientes de su entorno, y cómo esas informaciones que ya no afloran a la consciencia del hombre moderno en estado de vigilia son sin embargo transmitidas a su cerebro por el sesgo de sus sueños. Gracias a mis investigaciones, puse a punto un método a la vez original y muy simple que permite a casi todo el mundo utilizar la facultad de soñar para mejorar numerosos aspectos de la vida en vigilia. Entre éstos, el hecho de transformarse en más aptos para percibir los peligros que nos amenazan, ya sean de origen natural, humano, o tecnológico.

Mi manera de utilizar la facultad de soñar es diferente de todo lo que existe actualmente en la literatura sobre los sueños ya sea científica, psicoanalítica, chamánica, etc. Es pragmática, basada en más de veinte años de observaciones objetivas y todo el mundo puede practicarla, con un poco de tiempo cada mañana y algunas reglas elementales de higiene de vida corporal y psicológica.

Leyendo este libro, podrá usted también aprender a desarrollar su capacidad de detectar los peligros de todo tipo que lo amenazan, para poder evitarlos, incluso, en algunas circunstancias salvar su vida y la de sus seres cercanos con toda autonomía.

Podrá ser aún mejor inclusive, por ejemplo:

— evitar una muerte accidental huyendo antes del desencadenamiento de una catástrofe natural: terremoto, erupción volcánica, deslizamiento de tierra, diluvio, tormenta, maremoto, avalancha;

— hacer fracasar los agresores, terroristas, ladrones, violadores o secuestradores en sus proyectos;

— saber, antes de partir de viaje, por ejemplo en avión o en barco, si va a llegar sano y salvo a destino;

— presentir muchas más trampas y peligros.

Utilizando la técnica accesible a todos, que explico en este libro, podrá aprender a «recuperar» las informaciones importantes que están a su disposición cuando está en estado de sueño.

Podrán también, los más dotados de ustedes, desarrollar una mayor sensibilidad y una mayor intuición directamente en estado de vigilia, lo que le permitirá reaccionar más eficazmente todavía a los peligros de su entorno.

Antes de explicarles cómo puede utilizar sus sueños para protegerse de los peligros de su entorno; quisiera en un primer capítulo hablarles de los animales, que supieron guardar una sensibilidad consciente en su entorno. Es gracias a esta sensibilidad corporal y psíquica directamente en estado de vigilia que los animales son capaces de huir, a veces mucho tiempo antes del desencadenamiento de desastres, mientras que la mayoría de los seres humanos, tomados por sorpresa, pierden su vida en esas mismas circunstancias.

En un segundo capítulo, quisiera hablarles de algunas personas, a veces famosas, quienes, en el pasado, pudieron beneficiar de manera natural de sus sueños para ser prevenidas de peligros, sin haber sacado partido para escapar de ahí. En un tercer capítulo, les explicaré un método que les permitirá desarrollar fácilmente, sin peligro y con toda autonomía sus facultades oníricas e intuitivas.

En fin, terminaré hablándoles de los sueños de falsas alertas de catástrofes, en otros términos de las pesadillas y de sus causas. Les explicaré cómo y por qué algunas pesadillas se producen y cómo es posible evitarlas.

CAPÍTULO 1: ESOS ANIMALES QUE HUYEN ANTES DE LAS CATÁSTROFES NATURALES

Mientras que los seres humanos continúan ocupándose tranquilamente de sus vidas, sin sentir que algo se acerca, hasta último momento; se observó en muchas oportunidades que los animales salvajes huyen para ponerse al abrigo antes del desencadenamiento de catástrofes naturales, mientras que los animales domésticos tienen comportamientos no habituales y huyen también ellos, cuando se les da esa posibilidad.

Por ejemplo, después del sismo ocurrido en China en Tangshan el 28 de julio de1976, que se llevó 240 000 vidas humanas, algunos sobrevivientes afirmaron haber notado, algún tiempo antes del desencadenamiento del sismo, los comportamientos no habituales de los animales domésticos y salvajes: aullido de perros, agitación de las serpientes y de las ratas, comportamiento anormal de las vacas y los caballos, etc. y tomaron la lección de la experiencia aconsejando prestar atención a los comportamientos anormales de los animales.

Lamentablemente, más tarde, siempre en China, a pesar de las rutas invadidas por miles de batracios que huían de un sismo algunos días antes de su desencadenamiento, la población de Sichuan continuó tranquilamente con sus ocupaciones sin tener el reflejo de salvarse, como las ranas y los sapos, y huir lo más pronto posible de esos lugares dónde un terrible terremoto que ocurrió el 12 de mayo de 2008 se llevó a su vez más de 80 000 vidas humanas. Este éxodo de batracios era tan espectacular que se habían posteado fotografías en Internet. En algunas de ellas, podemos ver personas, que probablemente ya no están vivas hoy en día, conducir tranquilamente una bicicleta en las rutas invadidas por miles de ranas. Este fenómeno que implica a batracios también fue observado en Italia durante un terremoto ocurrido en Roma el 6 de abril de 2009 y en otras numerosas circunstancias de las que es muy fácil encontrar testimonios en Internet.

Otros animales también han demostrado durante catástrofes naturales sus capacidades de sentir venir el peligro. Por ejemplo, en Sri Lanka, después del terrible tsunami que desvastó el parque nacional de Yala, el 26 de diciembre de 2004, ningún elefante resultó muerto. Ese tsunami había causado más de 300 000 muertos o desaparecidos en Thailandia, en India del Sur, en

Maldiva, en Seychelles, en la isla Maurice, en Madagascar y en las costas Este de África, y sin embargo, las autoridades Sri Lankenses habían afirmado que no habían encontrado elefantes muertos. Esos animales así como otros animales salvajes del parque se habían puesto al abrigo antes del desencadenamiento de los elementos.

En Martinica, en 1902 la erupción de la Montaña Pelada había matado a 30 000 habitantes en Saint-Pierre, pero los animales salvajes, que sintieron venir la erupción habían huido y salvado sus vidas.

A través de esos ejemplos elegidos entre tantos otros, solo podemos sentirnos afectados:

- por el hecho que los animales conservaron esta facultad natural, bien práctica, de presentir conscientemente el peligro, inclusive a veces varios días antes del desencadenamiento de los elementos.

- y por el hecho que en las mismas circunstancias, casi todos los seres humanos no sintieron venir nada.

Podríamos vernos tentados a concluir como tantos otros investigadores que los animales tienen facultades netamente superiores a las de los seres humanos en el campo de la detección de peligros de su entorno, sin embargo, como lo veremos, no es nada de esto. En efecto, si el ser humano se tomara la molestia de utilizar sus capacidades naturales, sobrepasaría de lejos todos los animales del planeta.

Observando durante más de veinte años los vínculos entre sueños y la realidad de numerosas personas, pude constatar que los seres humanos tienen capacidades aún más sofisticadas que las de los animales para preservarse de todo tipo de peligros; y no solamente de peligros naturales.

Pero, no soy la única persona, lejos de eso, en haber constatado que el ser humano es capaz de detectar los peligros de su entorno de manera mucho más precisa que los animales. Existen numerosos testimonios históricos que relatan estas capacidades en todas las épocas. Algunos de esos testimonios a menudo involucran a personas que habiendo sido prevenidas de peligros gracias a sus sueños, pudieron escapar de esa realidad, según las decisiones que tomaron luego del sueño de alerta. Otros testimonios involucran a personas que tuvieron la capacidad directamente en estado de vigilia de presentir las perturbaciones de la Naturaleza. Ahora les voy a hablar, en el capítulo siguiente, de algunos ejemplos más notorios, elegidos entre tantos otros.

CAPÍTULO 2: EJEMPLOS HISTÓRICOS DE PERSONAS QUE GUARDARON LA CAPACIDAD DE PRESENTIR LOS PELIGROS DE SU ENTORNO

Desde siempre, ha habido seres humanos que fueron capaces de percibir los peligros de su entorno ya sea directamente en estado de vigilia, o durante el sueño. Goethe era capaz de presentir los terremotos que tenían lugar a una gran distancia, mientras que el tristemente famoso Adolfo Hitler salvó su vida gracias a un sueño.

Johann Peter Eckermann quien fue el secretario de Goethe durante los nueve últimos años de la vida de éste último, escribió en 1838 una obra titulada: *Conversaciones con Goethe*. En este libro, Eckermann aporta el testimonio del hecho que Goethe era capaz de percibir en estado de vigilia terremotos que tenían lugar a una gran distancia del lugar en el que se encontraba.

En el transcurso de una noche de noviembre de 1917, durante la batalla franco-alemana de la Somme, Adolfo Hitler, cuando no era más que un joven cabo, se despertó espantado por una terrible pesadilla. En su sueño se veía agonizando, cubierto por los escombros de un inmueble. Para calmar su temor, salió del edificio en el que dormía con sus compañeros de regimiento, para tomar aire diciéndose que felizmente no era más que una pesadilla. Sin embargo algunos instantes más tarde, una bomba cayó sobre el edificio del que acababa de salir y mató a todos los otros soldados que allí dormían.

En el caso de Adolfo Hitler, dado el personaje, me asombraría mucho que fuera beneficiado en esas circunstancias, por una intervención divina para salvarle la vida. Simplemente captó naturalmente gracias a su subconsciente un peligro que lo acechaba. Era visiblemente más sensible que todos sus desdichados compañeros de regimiento y tenía una mejor comunicación con su subconsciente y su cuerpo y un mejor instinto de vida. Quisiera agregar que a menudo sucede que personas habitualmente muy racionales, que sueñan poco y no prestan ninguna atención a sus sueños caigan abruptamente en la superstición o la creencia de una intervención divina cuando son salvadas de un peligro gracias a un sueño que no puede ser algo más natural. Aunque en algunos casos, no se pueda excluir totalmente la posibilidad de una intervención sobrenatural, la mayor parte del tiempo soñar con un peligro que nos amenaza es un fenómeno natural, totalmente explicable y vinculado a nuestra facultad subconsciente de percibir los peligros de nuestro entorno para preservar nuestra vida.

Más adelante en la historia, encontramos en la época romana un testimonio de sueño de alerta de peligro por parte de Calpurnia, la mujer de Julio César. Calpurnia fue la última esposa de Julio César hasta su muerte en 44 antes de Jesús Cristo. Una noche, ella soñó que asesinaban a su marido en el Senado y lo alertó, suplicándole que se protegiera. César no la escuchó, fue normalmente al Senado donde efectivamente fue asesinado.

A través de este ejemplo, se ve que César quien estaba directamente involucrado por el peligro no había soñado nada por sí mismo y parecía no dar importancia a los sueños, menos a los de su esposa. De ahí vemos que, cuando se vive en pareja o en familia, es corriente que unos tengan sueños que contengan informaciones que involucran a los otros miembros de la familia. Les recordaré más adelante ese fenómeno natural y las razones por las que se produce. Por el momento, les voy a citar otro ejemplo histórico, el de un ex-presidente de los Estados Unidos.

En Estados Unidos, unos diez días antes de su asesinato, el presidente Abraham Lincoln había tenido un sueño que lo había marcado - tanto que sintió la necesidad de hablarlo con sus seres más cercanos. Entre ellos se encontraba Ward Hill Lamon quien relató, en estos términos, en una obra intitulada: *Recollections of Abraham Lincoln 1847-1865*, el sueño que Abraham Lincoln le había contado:

«Hace aproximadamente diez días, me retiré muy tarde. Me había quedado levantado esperando importantes despachos del frente. No pasó mucho tiempo antes de quedarme dormido, porque estaba cansado. En seguida comencé a soñar. Alrededor mío parecía reinar un silencio de muerte. Después escuché llantos ahogados, como si numerosas personas estuvieran llorando. Pienso que dejé mi cama y bajé. Ahí, el silencio se rompió con los mismos piadosos llantos, pero las personas que lloraban eran invisibles. Fui de pieza en pieza; no se veía ningún ser vivo, pero siempre estaba el mismo llanto de desamparo mientras que avanzaba. Vi luz en todas las piezas; cada objeto me era familiar; pero ¿dónde estaban las personas que lloraban desgarradoramente? Estaba perplejo y asustado. ¿Que significaba todo eso? Determinado a encontrar la causa de un estado de cosas tan misterioso y tan irritante, continué avanzando hasta el East Room en el que entré. Ahí me encontré con una desgarradora sorpresa. Frente a mí, había un catafalco en el que estaba acostado un cuerpo envuelto con ropa funeraria. Alrededor del cuerpo había soldados de guardia; y había una multitud cuyo rostro estaba cubierto, que miraba quejumbrosamente el cuerpo, otros lloraban piadosamente. «¿Quién murió en la Casa Blanca?» pregunté a uno de los soldados. «El Presidente» respondió; «Fue asesinado.» Entonces hubo un ruidoso acceso de pena en la muchedumbre, y me desperté. Ya no pude dormir más esa noche; y aunque no era más que un sueño, me quedé extrañamente perturbado desde entonces.»

Tres días más tarde, mientras iba al teatro con su esposa, el presidente Abraham Lincoln fue asesinado en su palco presidencial por un actor opositor político.

El naufragio del Titanic el 14 de abril de 1912 fue visto en sueño antes de que ocurriera por algunos viajeros que de hecho anularon el viaje, según la encuesta realizada por Ian Stevenson.

El 21 de octubre de 1966 en Aberfan, pueblito minero de Inglaterra una escuela fue sepultada bajo una avalancha de 500 toneladas de escombros mineros dejando 144 muertos principalmente niños. Entre ellos se encontraba Eryl Mai Jones de 10 años de edad que había soñado el evento dos semanas antes de que ocurriera. Le había dicho a su madre que no tenía miedo de morir, porque ella moriría en compañía de sus compañeros de clase Peter y June. La mañana del 20 de octubre, le habló a su madre de un sueño que había tenido en estos términos: «Mamá, quiero hablarte de un sueño que tuve anoche. Soñé que iba a la escuela y que ya no había escuela. Algo negro la había cubierto.»

Si esta niña hubiese sido mi hija, yo hubiese intentado saber más desde su primer sueño, habría hecho una encuesta sobre los sueños de los otros niños de su escuela y ciertamente yo misma hubiera soñado el evento por venir e intentado hacer algo para salvar las vidas de todos esos niños.

A través de algunos ejemplos, es fácil comprender que algunos seres humanos están más dotados que los animales para percibir gracias a sus sueños los riesgos de su entorno, ya sean naturales o no. Entonces nos preguntamos lógicamente ¿por qué los poderes públicos del mundo no crean organismos de registros de sueños de catástrofes para ayudar a las poblaciones?

Como vamos a verlo, tales organismos fueron efectivamente implementados, pero esas iniciativas acabaron en fracaso del que explicaremos las razones a la luz de nuestras propias investigaciones sobre las conexiones entre el sueño, la vida en vigilia y el entorno físico y energético de los soñadores.

CAPÍTULO 3: EL FRACASO DE LAS «OFICINAS DE REGISTRO DE SUEÑOS DE CATÁSTROFES» Y SUS RAZONES

Un psiquiatra inglés, el Dr. Barker se sintió tan afectado por los eventos de Aberfan que decidió crear en enero de 1967 el *British Premonition Bureau*. Pensaba que gracias a esa oficina, sería posible alertar a las poblaciones y salvar vidas. Un año más tarde, en la misma línea, los americanos crearon, en Nueva York, la *Central Premonition Bureau*. También en Bélgica se creó una oficina similar.

Lamentablemente sabemos, por la prensa de la época, que las experiencias inglesa y americana no fueron concluyentes. Las oficinas, por un lado, recibieron numerosos sueños de catástrofes que no se realizaron nunca y no fueron en definitiva más que «falsas alertas». Por otra parte, sólo registraron una pequeña cantidad de sueños que fueron realmente premonitorios.

A falta de eficiencia, las dos oficinas decidieron terminar sus actividades. Sin embargo, un cambio en su manera de proceder les habría permitido alcanzar los objetivos para los que habían sido creadas.

El hecho de que esas oficinas hayan recibido principalmente falsas alertas no es asombroso porque todo el mundo, conociendo o no su «terreno onírico» habiendo hecho o no un trabajo personal para comprender sus sueños ¡o más que nada sus pesadillas! podía enviarlos. Sin embargo, para saber si un sueño es un verdadero sueño de alerta, no podemos quedarnos con conocer el relato de un sueño y registrarlo. Son necesarias, además, numerosas informaciones complementarias sobre la vida diurna del soñador que envió ese sueño, sobre su estado de salud física y psicológica, sobre sus actividades el o los días que precedieron a ese sueño, sobre las comidas y bebidas que ingirió , sobre lo que miró en la televisión o en el cine, sobre el lugar donde durmió y eventualmente sobre la o las personas con las que durmió, su estado de calma o stress, y otras informaciones de las que les hablaré más adelante dándoles ejemplos de sueños de falsas alertas y de sus causas vinculadas al modo de vida de los soñadores.

Todas esas informaciones son evidentemente muy personales y ninguna población en su conjunto desearía, inclusive por una buena causa, que un organismo público (o no) pueda inmiscuirse hasta ese punto en su vida privada. Entonces ¿qué habría que hacer?

Colectivamente, sería más juicioso que cada uno aprendiera a servirse de sus sueños con toda autonomía y que fueran creados uno o varios organismos de «vigilia onírica de catástrofes» que reunieran a los soñadores competentes y formados. Lo ideal sería, que todo el mundo aprendiera a recuperar las informaciones útiles de los sueños y a soñar mejor. Deberíamos conocer todos perfectamente nuestro «terreno onírico» para poder distinguir entre los verdaderos sueños de alerta y las simples pesadillas.

Sería formidable si se crearan en todo el mundo y colaboraran entre sí organismos públicos que reunieran personas muy dotadas en ese campo. Pero, la mejor manera de prevenir peligros a título personal (y también para poder alertar a las personas cercanas) consiste en desarrollarse personalmente. Tanto más cuando esto es accesible a casi todo el mundo con un poco de trabajo personal cada mañana durante alrededor de un año y con una correcta higiene de vida. Desarrollando nuestra propia capacidad natural de percibir los peligros, no ponemos también al abrigo de la angustia provocada regularmente por personas que anuncian -de buena o mala fe -la inminencia de terribles cataclismos, ¡inclusive el fin del mundo!

Ese trabajo personal consiste en observar de cierta manera sus sueños y su realidad y hacer algunas pequeñas experiencias para comprender mejor cómo el cuerpo comunica sus informaciones al cerebro y vice versa.

Teniendo un cuaderno de sueños y de realidad de la manera explicada más adelante, podrá comprender cómo su cuerpo funciona en el plano informacional. Gracias a esta comprensión, podrá sacar partido de sus sueños y estar prevenidos a tiempo, a veces con mucha anticipación de los peligros que lo amenazan.

En el capítulo siguiente, voy a explicarle cómo funciona el cuerpo humano en la unión de lo visible y de lo invisible y cómo es posible sacar partido de esta facultad para «recuperar» la mayor cantidad de informaciones propias para asegurar su supervivencia en un entorno (natural, tecnológico o humano) que se prepara a transformarse en hostil.

CAPÍTULO 4: EL FUNCIONAMIENTO INFORMACIONAL DEL CUERPO HUMANO EN LA UNIÓN DEL SUEÑO Y DE LA REALIDAD

Lo que voy a explicarle acá proviene de mis investigaciones personales sobre un muy largo período. Esto lo ayudará, espero, a comprender cómo su cuerpo funciona en la unión del sueño y de la realidad, de lo visible y de lo invisible y a aprender a sacar mejor partido de ese fenómeno.

Aunque en el mundo Occidental, estemos interesados principalmente por el aspecto material de la existencia, nuestro cuerpo es a la vez material e inmaterial. En otros términos, todos tenemos una dimensión a la vez corporal /material y energético /informacional. Como campo de informaciones, nuestro cuerpo es a la vez emisor, receptor y transformador de informaciones/energías.

La mayoría de las actividades corporales de tipo informacional se hacen a menudo sin que nuestra mente sea consciente. Gracias a su sensibilidad a las energías, vibraciones e informaciones intangibles de su entorno cercano o lejano, el cuerpo está mucho más apto que la mente para percibir las modificaciones de su entorno y captar las informaciones, energías, emociones o pensamientos de otros seres vivos.

En su dimensión informacional, cada ser vivo está rodeado de una burbuja de energía/información en la que circulan las informaciones emitidas en el entorno y las informaciones provenientes del entorno. Ese proceso es como una respiración ininterrumpida, tanto en estado de vigilia como durante el sueño.

En estado de vigilia, el cerebro consciente del hombre moderno está a menudo desconectado del sentimiento corporal y no se beneficia con las informaciones útiles que su cuerpo podría procurarle si, como los animales salvajes, hubiera guardado el contacto con él. Durante los sueños, en la mayoría de los casos, no es la mente la que domina, es un momento privilegiado para el cuerpo para hacer pasar al cerebro del hombre dormido las informaciones que en estado de vigilia no le pudo hacer llegar. Esas informaciones pueden involucrar la calidad energética de su entorno pero también de las personas encontradas en el transcurso de la jornada anterior.

En efecto, cuando las personas se encuentran, aunque no se toquen, sus cuerpos a través de sus «burbujas informacionales» intercambian todo tipo de informaciones. Nos «escaneamos» unos a otros desde el primer contacto y acumulamos en nuestros subconscientes todo tipo de informaciones sobre nuestros interlocutores (su nivel de energía vital, su historia, el lugar de donde viene, su estado emocional, su estado de salud, su pasado cercano y lejano, su patrimonio genético, etc.) mientras que nuestra mente se ocupa la mayor parte del tiempo únicamente del discurso de la persona encontrada, de su apariencia, de sus ropas, y de su estatus social. Algunas informaciones captadas por el cuerpo llegarán a la consciencia gracias a los sueños, pero podrán ser a veces muy deformadas o simbólicas y por lo tanto incomprensibles para las personas que no están habituadas al lenguaje de los sueños, que es también en gran parte el de la Naturaleza.

Cuando vamos a cualquier lugar, mientras que nuestra mente mira con los ojos, escucha con los oídos, siente con la nariz, nuestro cuerpo percibe a través de la planta de los pies, a través de las palmas de las manos y a través de toda la superficie de la piel las energías y las vibraciones de los lugares. Todas esas sensaciones recogidas por el cuerpo son sentidas de manera más o menos fuerte según los individuos como formando parte del ambiente de los lugares. ¿Son ustedes capaces de presentir la diferencia entre la atmósfera energética de una iglesia, de un bar, de una playa soleada, de un bosque en primavera, de un cementerio o de un hospital? ¿Forma parte de esas personas dominadas por su mente que no tienen el instinto de huir de algunos lugares (habitaciones, restaurantes, tiendas, accesos a mataderos, etc.) materialmente bellos, pero energéticamente nocivos, porque no sienten de manera consciente la nocividad energética de algunos lugares y se dejan seducir por una aparente armonía material?

No importa que forme parte del primero o del segundo grupo de personas, usted tiene interés en desarrollar su capacidad de comunicar con su cuerpo. Es muy fácil de hacer, es suficiente con observar durante cierto tiempo los vínculos entre sus sueños y su realidad aplicando el método que voy a explicarle ahora.

CAPÍTULO 5: CÓMO DESARROLLAR SUS PERCEPCIONES UTILIZANDO SUS SUEÑOS

Explico aquí rápidamente cómo proceder. Puede contentarse con este libro para hacer sus propias experiencias y empezar a desarrollar sus capacidades de percibir los peligros de su entorno cualquiera sean ellos. Si quieren saber más y avanzar, también pueden leer mi obra *El significado de los sueños* que les dará informaciones más detalladas y le explicará también muchas otras cosas que es posible hacer con los sueños.

A la mañana, al despertar, no encienda la radio, no se precipite a su computadora, no piense en sus actividades de la jornada. Quédese en la cama un rato, intente acordarse de sus sueños. Si nada le viene a la mente, cambie de posición en la cama, luego siéntese e intente acordarse de sus sueños nuevamente. Haciendo esto, verá que poco a poco mejorará su capacidad de acordarse de sus sueños. A menudo es suficiente con prestar atención a los sueños para que la facultad de soñar y de acordarse de los sueños se desarrolle. Si al principio, no logra recordar sus sueños, anote en un cuaderno (o cualquier otra cosa de su conveniencia: grabación de audio, iPad, computadora, etc.) su estado de ánimo, y su estado físico al despertar, también los pensamientos que le vienen a la cabeza en el momento de despertarse. Pueden ser estribillos de canciones, anote todo y anote también en grandes líneas su realidad como le explico más adelante.

La mayoría de las personas que afirman que no recuerdan sus sueños son personas que no duermen lo suficiente. A menudo, es suficiente con que hagan una siesta para que su «máquina de soñar» se ponga en marcha. Cuando la causa no es la falta tiempo de sueño, alcanza con aplicar algunas técnicas explicadas al final del libro en la parte «Respuestas a preguntas frecuentes», para encontrar y desarrollar la memoria de los sueños.

Me gusta mucho dirigir los casos difíciles y ver cómo la vida de esas personas se transforma positivamente, en todo punto de vista, cuando tienen nuevamente acceso a las informaciones de sus sueños.

Cuando recuerde sus sueños, le convendrá anotarlos con el máximo de detalles, como si relatara una película que está mirando. Además de la historia, si los tiene, anote sus sentimientos, la situación en el espacio y con respecto a usted de

—

los objetos, animales, otros personajes. Anote todo lo que sintió «corporalmente» en el sueño, los sonidos, los olores, los sentimientos de bienestar o de malestar, la intensidad de los colores, etc. Anote los colores de las ropas de las personas de sus sueños, la calidad del pelaje de los animales, el color de sus ojos etc.

Con respecto a la realidad, puede ser mucho más breve. Basta con anotar las grandes líneas de sus actividades de la vigilia, señalar la gente que encontró, lo que leyó, miró en la televisión, en internet, escuchó en la radio, etc. Anote también lo que comió, los lugares adonde fue, el lugar donde durmió (si no fue su habitación habitual), la persona con la que durmió y si tuvo relaciones sexuales y con quien. Anote su humor del día (excelente, bueno, malo), su estado físico (buena forma, cansado, dolores, enfermedad, bienestar). ¿Tuvo malestares, un resfrío, pesadez en las piernas, problemas de salud? ¿Se sintió feliz, deprimido, nervioso, etc? Anote todo. Anote también cualquier otra información que juzgue útil en función de sus actividades, de sus proyectos en curso o de su vida afectiva.

¿Tal vez lo sorprenda que aconseje que tome nota de las relaciones sexuales? Verá al hacer su propio trabajo de observación los vínculos entre sus sueños y su realidad que cuando tenemos un intercambio sexual, ocurren a nivel invisible cosas importantes de las que no tomamos consciencia: intercambiamos nuestras energías, las vibraciones de nuestra historia, nuestro ambiente energético y guardamos todo en nuestro propio «sistema» un cierto tiempo, antes de evacuar una buena parte. Por esto, cuando tenemos relaciones sexuales con una persona nueva, nuestros sueños se transforman en consecuencia y podemos soñar con informaciones que en realidad se vinculan a nuestro amante ¡Habría mucho para escribir sobre esta pregunta! Usted debe observar lo que pasa, y sacar lecciones para su vida amorosa.

Con respecto a los sueños, no dude en anotar todo lo que recuerde, incluso las informaciones que le molestan, las que le parecen sin importancia incluso estúpidas. Trabájelas con la mayor neutralidad, sin juzgar, sin deformar, como si estuviera describiendo una película interpretada por otros. Principalmente, deje aflorar libremente sus pensamientos, ideas, sentimientos. No juzgue, no preste ninguna atención a la forma y a la ortografía. Por otra parte, ocurre que las faltas de ortografía dan la clave de la interpretación de un sueño. Aunque crea no «saber redactar», no le preste atención. Esto no tiene ninguna importancia para su objetivo y cuando anote sus sueños y su realidad, hágalo con toda libertad, sin ninguna censura.

Al principio de su trabajo de anotación, no intente interpretar sus sueños. En esa etapa, no es útil y podrá hacerlo mucho más eficazmente y con mayor facilidad después de un cierto tiempo de anotación de sus sueños y de su realidad. En efecto, cuando haya recogido suficiente material, le bastará con releer de una sola vez su cuaderno y verá aparecer las conexiones entre sus sueños y la realidad. En otros términos, verá que un mismo tipo de símbolo onírico aparece en concomitancia con un mismo tipo de situación vivida en la realidad. Esta concomitancia le permitirá decodificar de manera precisa el significado de su propio simbolismo onírico. Explico esto más en detalle al final de esta obra en la parte «Respuestas a preguntas frecuentes» donde les doy consejos para interpretar sus sueños gracias al método de observación de conexiones entre sus sueños y su realidad.

Es importante acostumbrarse al lenguaje de sus sueños y comprender su propio código onírico por lo que a veces los sueños que le advierten de peligros pueden ser simbólicos y conviene saberlos interpretar.

Por ejemplo, uno de mis amigos que ejerce como liberal una actividad paramédica me confió un día un sueño que lo había marcado mucho en el que veía que su colaboradora más cercana robaba en la caja. Ese sueño era tan fuerte y parecía tan real que a pesar de la confianza que tenía con esta colaboradora que trabajaba con él desde hacía muchos años, había llegado a controlar la caja sin descubrir nada anormal. Pensó entonces que su sueño era falso, pero se convenció que se trataba simplemente de un sueño simbólico. En efecto, supo un poco después por sus clientes que su colaboradora más cercana hacía huir a la clientela saboteando la reputación de su patrón. Lo que se había presentado en el sueño de mi amigo como «robar en la caja». Este amigo hubiera podido comprender su sueño y reaccionar más rápidamente, si hubiera tenido un cuaderno de sueños y de realidad. Pero, tal no era el caso.

A través de este ejemplo, se comprende el interés de entender el significado de los sueños simbólicos. Pero, hay que ser paciente y no quemar etapas. Lo más importante en un primer momento para el objetivo que nos interesa (a saber el desarrollo de la facultad de presentir los peligros) es entrenar el consciente, el subconsciente y el cuerpo a comunicar mejor. La comprensión del significado de sus sueños aparecerá muy simplemente por sí misma una vez que su cuerpo, su subconsciente y su consciente hayan restablecido los puentes que el modo de vida moderno cortó en la mayoría de nosotros.

Al principio entonces, no intente comprender sus sueños con su mente. En lugar de eso, deje cada mañana, las informaciones, el ambiente, las imágenes y los colores de sus sueños aflorar a la superficie de su consciencia sin juzgarlos. Acéptelos, vívalos en un estado de meditación. Verá que a veces, en cuanto comience a escribir el fragmento de sueño que recuerda, otros sueños enteros surgirán de pronto en su memoria. Basta con tener un poco de tiempo para usted mismo a la mañana, relajarse y sumergirse en el interior de sí mismo en lugar de pensar en todas las obligaciones de la jornada.

Haciendo esto tan simple durante un cierto tiempo, facilitará la comunicación entre su consciente, su subconsciencia y su cuerpo y se pondrá poco a poco en condiciones óptimas para ser prevenido de los peligros que podrían surgir en su entorno inmediato (y en algunas circunstancias aún muy lejano). La vida moderna nos recortó poco a poco nuestro sentir corporal, nuestra vida interior, y la naturaleza, por lo que la mente y las actividades diurnas que llevamos en entornos cada vez más artificiales tomaron la delantera. Pero nada nos impide aprender a sacar partido nuevamente de las capacidades que tenemos todos en estado latente y que se manifiestan principalmente a través del estado de sueño.

Retomando contacto con su vida interior, su subconsciente y su cuerpo y a través de éste último con la Naturaleza, podrá presentir mejor, igual que los animales, lo que pasa en su entorno energético y podrá también ponerse al abrigo antes del desencadenamiento de eventos tales: terremoto, maremoto, tornados, avalanchas, erupciones volcánicas, etc. Podrá ir inclusive más allá que los animales y saber, por ejemplo, si hay desperfectos técnicos en una central nuclear cercana, o en el avión, el coche o el barco que tiene la intención de tomar.

Todo puede parecerle maravilloso, paranormal, o hasta imposible. No le pido que me crea, pero haga seriamente su propio trabajo de observación de las conexiones entre sus sueños y su realidad. Verá entonces, cuando haya recogido suficientes informaciones oníricas y diurnas, que eventos futuros están presentes en los sueños mucho antes de su acontecimiento en la realidad. De hecho, observar de esta manera las conexiones entre sueños y realidad demuestra que no vivimos la vida en el sentido que creemos. Todo parece pasar en el sentido inverso. Es decir que todo lo que vivimos en la realidad, primero lo hemos creado a nivel energético / informacional / vital en el sueño. Es como si en la realidad no hiciéramos más que concretizar eventos que creamos solos o con otras personas en el mundo energético del sueño.

Sin embargo, aparece también claramente que aunque el sueño construya nuestra realidad, la realidad influencia a su vez al sueño, ya que podemos captar a través de nuestro cuerpo, en estado de vigilia, todo tipo de influencias y de informaciones que se mezclarán en la trama energética de los sueños con los que «fabricamos» nosotros mismos lo esencial de nuestra vida y de nuestro futuro. Este aspecto de la vida humana era muy conocido por ejemplo por los antiguos Mayas que enseñaban el arte de «sembrar y hacer germinar los sueños». Es también en ese mundo energético de los sueños que dobla nuestro « mundo real» donde van los chamanes de numerosas tradiciones cuando entran en trance. Se operan cambios a nivel energético más allá de la manifestación material de algunos eventos de los cuales pueden así modificar el curso. Me es posible hacer lo mismo directamente en el sueño y en estado de sueño. Es decir que con su permiso, entro en los sueños de las personas que guio para ayudarlas a arreglar algunos problemas, cuando no están lo suficientemente desarrolladas para hacerlo por ellas mismas.

A pesar de todos los resultados tangibles obtenidos desde hace miles de años por los chamanes de diversas tradiciones que utilizan la energía del sueño, existen en Occidente numerosos investigadores, sobre todo en el campo de la lucidez onírica que piensan que los sueños sólo tienen lugar que en la cabeza del soñador, quien soñaría siempre de manera aislada. Sin embargo, es verdad que algunos sueños solo involucran al soñador y pasan en su cuerpo y en su cerebro, una observación de los vínculos entre el sueño y la realidad de un mismo soñador hace aparecer rápidamente que no sueña de manera aislada y que en estado de sueño su cuerpo y su mente intercambian informaciones y energías con el entorno y con otros soñadores.

El Marqués Hervey de Saint Denys, precursor Occidental en el campo de la lucidez onírica pensaba que cada persona soñaba de manera aislada. Sin embargo, Hervey de Saint Denys era un soñador lúcido muy dotado y lleno de imaginación para inventar experiencias. Escribió en 1867 una obra intitulada: *De los sueños y las*

Maneras de Dirigirlos donde relata sus experiencias en el campo y que es la biblia de los investigadores sobre la lucidez onírica. Su obra es de gran interés, aunque a pesar de las evidencias de sus propias experiencias siguió pensando que soñaba de manera aislada.

Existe como lo escribió Robert Moss una especie de Internet psíquica. Esta es muy particularmente activa en estado de sueño. La existencia de ésta «Internet psíquica» permite a nuestros subconscientes intercambiar informaciones, y por ejemplo captar los peligros del entorno, y estar al corriente de los pensamientos de individuos que pueden presentar para nosotros un peligro. Es gracias a esta capacidad de intercambiar informaciones en estado de sueño que pude ser prevenida de los atentados de Nueva York.

El sueño más notorio de peligro hecho en el transcurso de mi vida era, en efecto, sobre los atentados del 11 de septiembre de 2001 en Nueva York. Una noche de julio 2001, estaba despierta después de haber tenido un sueño muy claro en el que como grandes obuses blancos caían sobre edificios de Manhattan. En mi sueño, era una guerra en Nueva York. Miraba esta escena con gran calma, luego me vi caminar también calmadamente con una muchedumbre de americanos, por una calle de Manhattan. El día antes, había empezado a organizar mi viaje para el mes de septiembre a Nueva York y había investigado en Internet para encontrar un alojamiento. Ese sueño me hizo reflexionar mucho. Era tan fuerte, tan especial, pero «la guerra en Nueva York», racionalmente, me parecía tan increíble y a la vez improbable. Finalmente, después de haber dudado mucho tiempo, decidí reservar mi pasaje de avión e ir a Nueva York en septiembre de 2001. Había tomado esta decisión, porque, a pesar de «la guerra en Nueva York» que me anunciaba mi sueño, veía también que seguía viva, que no tenía problemas, y que caminaba calmadamente en la muchedumbre en una calle de Manhattan. Personalmente, no corría realmente ningún riesgo yendo a Nueva York, aún en el caso en que «la guerra» muy improbable anunciada por mi sueño realmente tuviera lugar. El 11 de septiembre de 2001, estaba entonces en Manhattan en un alojamiento que había alquilado en la calle 14 al Este de la ciudad. Después de haber trabajado toda la mañana, salí para almorzar y me di cuenta que no circulaban los autos en el barrio. La calle estaba invadida por una muchedumbre de peatones que caminaban en silencio en dirección del puente de Brooklyn. Me uní a ellos, porque tenía ganas de ir en su misma dirección. Mientras que caminaba en esta muchedumbre, primero pensé que había una fiesta ese día. Pero, rápidamente, sentí que no era un ambiente de fiesta, sino una terrible atmósfera de catástrofe. Le pregunté entonces a un agente de policía que estaba ahí por qué se veía humo a lo lejos hacia Battery Park. Me dijo que había habido un atentado y que las Torres Gemelas se habían derrumbado. De pronto, el sueño que tuve en el mes de julio me vino a la memoria y comprendí que, como en ese sueño, yo estaba caminando calmadamente en la muchedumbre mientras que una «guerra tenía lugar en Nueva York». Mi sueño del mes de julio, a pesar de lo poco real que me había parecido racionalmente se manifestaba como un verdadero sueño de anuncio de catástrofe. Lo que significa que al momento de soñar, esos eventos ya estaban presentes en estado energético en el «mundo paralelo» del sueño, y quizá mucho antes del mes de julio. Yo misma los capté en julio, porque en el mes de julio había comenzado mis preparativos para ir a Nueva York en el mes de septiembre. Si no hubiera proyectado ir a Nueva York en esa fecha, probablemente no hubiera soñado con los atentados. En efecto, en la mayoría de los casos, soñamos peligros que nos amenazan personalmente o que amenazan a los seres que amamos y que cuentan para nosotros de una manera o de otra. ¡Felizmente nuestro cerebro filtra las informaciones subconscientes, sino, con toda la miseria que existe en nuestro mundo, nuestras noches serían una seguidilla infinita de miserables pesadillas!

Se ve, a través de este ejemplo, que es muy posible estar prevenidos gracias a nuestros sueños de todo tipo de peligros y no solamente de catástrofes naturales. Podemos captar durante nuestro sueño (y para las personas muy dotadas directamente en estado de vigilia) todo tipo de informaciones que necesitamos. Es suficiente para esto con aprender a utilizar mejor nuestra facultad de soñar. Es fácil de hacerlo utilizando el método de observación de los vínculos entre los sueños y la realidad que explico en este libro.

Haciendo su propio trabajo de observación, podrá ser prevenido en sueño de los peligros que lo amenazan. Podrá también como ya me pasó ser prevenido en sueño de los intentos de delincuentes, por ejemplo de ladrones y poder evitarlos si es posible, o bien limitar los costos.

Para poner toda la suerte de su lado para desarrollar su facultad de sentir los peligros del entorno, es conveniente respetar algunas reglas elementales de higiene de vida. La primera consiste en dormir suficientemente. En efecto, cuando no se duerme lo suficiente, es— casi siempre— extremadamente difícil recordar los sueños. Es conveniente también evitar tanto como sea posible:

— los excitantes como el café, el alcohol, el té, la carne, etc.

— las drogas

— los medicamentos para el cerebro: antidepresivos, tranquilizantes, etc. Que tienen por efecto secundario perturbar la actividad onírica y a menudo privar pura y simplemente a los enfermos de la memoria de sus sueños

— las cenas demasiado copiosas tomadas poco tiempo antes de ir a dormir

— mirar demasiada televisión, navegar mucho en Internet, leer demasiado, o pasar mucho hablando por teléfono o con demasiada gente. En esos casos, sus sueños solamente serán la «digestión» de informaciones televisuales, auditivas, textuales, etc. (muchas veces absolutamente inútiles) de la jornada; y usted tendrá mayores dificultades para acceder a sus propias informaciones. Estarán como «ahogadas» en la marea de informaciones exteriores porque habrá sobrecargado su cerebro y su cuerpo. En de tales condiciones, la mayor parte del tiempo, sus sueños no serán verdaderos sueños que vengan de lo más profundo de sí mismos, sino solamente un barullo mental fabricado por su cerebro consciente teniendo una «indigestión» informacional. Lamentablemente, en nuestra época, hay muchísimas personas que se duermen cada noche después de varias horas de televisión absorbidas después de una jornada sin un instante de soledad. También hay que saber que las actividades hechas justo antes de irse a dormir programan el cerebro a soñar con algunos temas.

Por otra parte, en los primeros tiempos de la experiencia, y para sacar mejores resultados, lo ideal sería dormir solo. En efecto, las burbujas de información-energía se mezclan, y es muy difícil si no se puede dormir solo, apartarlas al principio de la experiencia, entre lo que nos pertenece y lo que no nos pertenece. Por ejemplo, una mujer puede soñar regularmente que es calva y muy peluda si duerme con un compañero que presenta esas características. Igualmente un hombre puede soñar, a veces con espanto, que presenta las características femeninas de su compañera. ¡Las sensaciones corporales se comunican frecuentemente entre los durmientes que comparten un mismo espacio de sueño!

Por esto, si usted efectúa un trabajo de observación de sus sueños y de su realidad durmiendo con alguien y teniendo relaciones sexuales regulares con esta persona, le será mucho más difícil conocer bien su «terreno onírico», porque su esfera informacional estará mezclada con la de su compañero. Además, en los casos en que el compañero haya sido infiel, le traerá, en su burbuja de energía, informaciones con respecto a la otra persona con la que tuvo relaciones y usted captará también esas informaciones durmiendo en la misma cama o teniendo relaciones sexuales.

Por esto, es mucho más fácil conocer bien su terreno onírico personal durmiendo solo al principio de la experiencia. Luego, será más fácil saber lo que a nivel informacional y vibratorio le pertenece o no le pertenece. Si es soltero y habitualmente está solo, podrá observar muy fácilmente que durante las relaciones sexuales con una nueva persona, el contenido de sus sueños cambia mucho y que de la información no habitual proveniente de su amante entró en su sistema informacional. Podrá también constatar variaciones a nivel de su energía y muchas cosas más. Por ejemplo, un estado de depresión, de tristeza o de angustia inmediatamente después de una relación sexual aunque sea feliz, o al día siguiente de esa relación indica la mayor parte del tiempo que el intercambio energético con su amante le fue desfavorable.

Una experiencia interesante de hacer, pero desaconsejada en las personas depresivas, consiste en aislarse durante algunos días y ayunar o comer liviano y tomar baños. Después de este período de aislamiento, será capaz de presentir mucho mejor la diferencia entre su propia energía y la de las personas, animales y lugares con les que esté en contacto.

Si desea sacar partido de sus sueños para estar prevenido de los peligros, una última cosa es muy importante de señalar: no lea libros de terror y de violencia; no mire películas violentas y catastróficas, evite las informaciones televisivas del mismo tener principalmente a la noche antes de ir a dormir. Todo esto influencia su cerebro, estimula la aparición de sueños de falsas alertas de catástrofes y contribuye fuertemente a privarlo de su facultad natural de «soñar verdadero».

En último lugar, quisiera subrayar cuán importante es estar calmado. Más estamos en un estado de calma, más tenemos chances de tener verdaderos sueños que vengan de lo más profundo de nosotros mismos, y acceder a una mejor comunicación con nuestro cuerpo y con nuestro subconsciente. Haga entonces todo lo que pueda para evitar el stress o para relajarse si no lo pudo evitar. Tome el hábito de tomar una tisana relajante (de buena calidad y sin pesticidas) a la noche: por ejemplo de lavanda, de camomila, de tilo, etc. Puede también difundir en su habitación aceites esenciales calmantes y que le guste la aroma.

Siguiendo todos estos consejos, aprenderá, de manera natural y sin ningún peligro, el lenguaje de sus sueños, sabrá comunicarse mejor con su cuerpo y sabrá distinguir entre sus sueños de alertas los que son verdaderos sueños de alertas que se vinculan a la realidad y los que son simples pesadillas provocadas por causas que habrá aprendido a distinguir y de las que voy a hablarles ahora para hacerles ganar mucho tiempo en su trabajo personal.

CAPÍTULO 6: ¿QUÉ ES-LO QUE PROVOCA LAS FALSAS ALERTAS ONÍRICAS DE CATÁSTROFES NATURALES?

Hemos hablado más arriba de las tentativas que fueron hechas en Inglaterra, en Estados Unidos y en Bélgica de utilizar los sueños de la población para prevenir a los habitantes de los riesgos del entorno y salvar así sus vidas. Vimos que las oficinas de registro de sueños de catástrofes fueron muy rápidamente sumergidas en una gran cantidad de sueños, de los que casi todos en definitiva (y muy felizmente) resultaron ser falsas alertas, simples pesadillas. En lugar de continuar con su impulso intentando comprender por qué tantos sueños sólo eran sueños de falsa alerta, y encontrar otra manera más eficaz de proceder, pusieron fin, lamentablemente, a esas experiencias. Según mi conocimiento, no se buscó entender por qué la población en su conjunto está tan sujeta a las pesadillas y cómo esta situación podría ser mejorada.

Pienso que sería una excelente idea crear oficinas de vigilia onírica de catástrofes, pero que la manera de implementar esta vigilia condenaba esta experiencia al fracaso. En efecto, por mi conocimiento, solo eran tenidos en cuenta los sueños, independientemente de los soñadores, de su higiene de vida y de los lugares donde habían soñado, y de numerosas causas que provocan la aparición de falsas alertas de catástrofes.

En un primer tiempo, habría sido posible proceder recogiendo muchos sueños, para detectar las personas más capaces de presentir verdaderamente las catástrofes naturales en curso, y también las personas menos inclinadas a las pesadillas. En un segundo tiempo, las oficinas de registro habrían podido decidir trabajar prioritariamente con las personas más capaces. Esas personas son cada día más difíciles de encontrar, mientras que las personas sujetas a los sueños de falsas alertas de catástrofes son cada día más numerosas. No es difícil comprender por qué. En los párrafos siguientes, voy a explicarle cómo a través de mis investigaciones pude comprender lo que desencadena la mayoría de los sueños de falsas alertas de catástrofes naturales.

A través de las explicaciones que voy a darle ahora sobre las pesadillas (o sueños de falsas alertas), podrá comprender que son las condiciones las que provocan tan a menudo en tantas personas los sueños desastrosos. Sueños, que felizmente para todos no se producirán nunca más allá de su propia psiquis.

Las explicaciones que les propongo ahora están sacadas de mi larga experiencia. Pero, evidentemente, en ese campo aún hay mucho por descubrir. Es verdad también que a pesar de las condiciones oníricas extremadamente malas, algunos soñadores pueden igualmente, excepcionalmente tener verdaderos sueños que pueden salvarles la vida previniéndolos de peligros que los amenazan. En tales casos, ocurre a menudo que los soñadores creen haberse beneficiado con una intervención de tipo «divino», por ejemplo la de un ángel guardián o de un ser querido fallecido

Para facilitar lo expuesto, clasifiqué en algunos grupos las pesadillas de falsas alertas. Esta lista de pesadillas no es exhaustiva. Dejé por ejemplo las pesadillas de tipo «chamánico» que están vinculadas a los contactos oníricos con mundos «paralelos» y que en nuestros días, en Occidente, sobrepasan las capacidades de entendimiento, y las posibilidades de experiencia del hombre «normal». ¡El ser humano Occidental moderno está tan separado de la naturaleza y de su subconsciente que puede ser un riesgo mencionar aquí ese tipo de sueño! Pero haremos un paréntesis. Les hablaré entonces ahora de las pesadillas del cuerpo, de las pesadillas del ánimo, y de las pesadillas vinculadas a la energía.

1) Las pesadillas de falsas alertas de catástrofes provocadas por el cuerpo

Esas pesadillas son cada vez más numerosas en la época actual y principalmente tienen por origen perturbaciones del sistema digestivo. En las civilizaciones antiguas, se practicaban técnicas destinadas a guardar en buena salud el sistema digestivo. Era habitual en efecto ayunar regularmente y utilizar medios de limpieza de intestinos con agua. Gracias a esas medidas de prevención, la gente podía poner su sistema digestivo en reposo, limpiar sus intestinos y su cuerpo, y desembarazarse regularmente de sus toxinas.

En nuestros días, son muy raras las personas que ayunan, y aún más raras las que tienen una buena higiene intestinal. En caso de molestia intestinal, casi todo el mundo se contenta ahora con tragar algunas píldoras laxantes sin tomarse la pena nunca de limpiarse verdaderamente de forma correcta. Este estado de hecho conjugado con el stress de la vida moderna, al sedentarismo, a una alimentación desnaturalizada, hecha a partir de cierta edad (y a veces muy temprano para algunas personas), los intestinos, se encuentran tapizados por una capa endurecida de materias no evacuadas, ya no pueden funcionar correctamente. La flora intestinal se encuentra desequilibrada, da lugar a fermentaciones, gas, aerofagia y a otras numerosas molestias en todo su cuerpo. Si desea saber más sobre la higiene intestinal, lo invito a leer el libro *Testimonio sobre los beneficios de la higiene intestinal*, escrito por Laure Goldbright, en el que explica cómo practicar la higiene intestinal y los numerosos beneficios que podemos sacar.

Si desea soñar mejor, la limpieza y el buen funcionamiento de sus órganos digestivos son de primordial importancia. Un sistema digestivo perturbado provoca pesadillas muy vivas por lo que el cuerpo expresa así su malestar extremo debido a la intoxicación de la sangre, a la ralentización de la circulación sanguínea, a la mala oxigenación de la sangre, provocada por una respiración entrecortada por la presión ejercida por el estómago y los intestinos inflamados de gas. Incluso, basta con una indigestión puntual o una intolerancia alimenticia para que una pesadilla de tipo digestivo se desencadene. Tener un cuaderno de sueños y de realidad en el que se anote lo que se comió puede ayudar a comprender qué alimentos no convienen a nuestro cuerpo. Los alimentos que el cuerpo no soporta, le hacen desencadenar pesadillas debidas a un malestar importante y bien real.

El ser humano a perdido de tal forma el contacto con la naturaleza y con su propio cuerpo que muy a menudo no siente en estado de vigilia que su cuerpo está perturbado, que un alimento, una bebida, un lugar no convienen a su cuerpo. Felizmente, en muchos casos, existen las pesadillas para sonar la alarma antes de que sea demasiado tarde. Debemos aprender a tenerlas en cuenta sin tener miedo.

En la mayoría de las personas cuyo sistema digestivo está fuertemente atascado y perturbado, observé que hay un olvido total de los sueños, o una abundancia de sueños y pesadillas recurrentes de catástrofes naturales. Esas pesadillas pueden ocurrir todas las noches, generalmente a la misma hora. Se acompañan muy frecuentemente por escalofríos alternados, y por pequeñas bocanadas de calor acompañadas por transpiración, y dificultad para encontrar el sueño. Pueden acompañarse también por somnolencia excesiva con una actividad onírica desenfrenada. Algunas personas tienen sueños recurrentes de carnicerías humanas, es decir de sueños en los que hay mucha sangre, donde la gente muere desangrada por todo tipo de eventos catastróficos, cada noche diferentes. Según la medicina china, ese tipo de sueño se debería a un disfuncionamiento de la rata energética.

Otras personas podrán tener los sueños recurrentes de catástrofes en los que pierden sus piernas o donde ven numerosas personas con las piernas cortadas, muy a menudo a nivel de las rodillas. Ese tipo de sueño según mis observaciones me parece debido a que la circulación sanguínea en las piernas está bloqueada «mecánicamente» por el vientre lleno de gas. (En la realidad: esas personas tienen los pies casi siempre fríos).

Otras personas soñaron regularmente con catástrofes en las que pierden la vista, los brazos, etc. La molestia del aparato digestivo es una verdadera catástrofe para el cuerpo, pues no solamente le ocasiona un bloqueo mecánico de la circulación sanguínea y nerviosa, sino también una intoxicación progresiva del cuerpo que no logra respirar correctamente, nutrirse correctamente y desembarazarse eficazmente de los desechos y las toxinas. Pude observar que personas que sufren de acidez en su aparato digestivo tienen tendencia a tener terribles pesadillas de catástrofes nucleares o de guerras en las que las armas utilizadas son armas químicas de tipo corrosivo.

A pesar de todos esos problemas reales del cuerpo, existen personas tan poco sensibles a sí mismas que soportan este estado pensando estar en buena salud y encontrando normal tener un vientre y un estómago permanentemente inflamados. A causa del estado de su vientre, están como anestesiadas. Viven por debajo de sus capacidades vitales y a veces, no se acuerdan ni de sus sueños, ni de sus pesadillas. Evidentemente, en ese caso, vale más tener pesadillas y sentirse mal. Al menos, eso nos incita a hacer algo para remediar todos esos problemas y encontrar la salud y la vitalidad en lugar de vivir «al mínimo vital», frenados. Eliminar ese tipo de pesadilla, como habrá comprendido, es muy fácil. Es suficiente con hacer (como lo explica Laure Goldbright en su libro citado más arriba), algunas irrigaciones de colon, ayunar y tener una buena higiene alimentaria. Lamentablemente, los laxantes naturales o alopáticos no permiten limpiar los intestinos. Solo empeoran la situación.

Actualmente, los problemas de la esfera digestiva son los desencadenantes más corrientes de pesadillas de falsas alertas de desastres. Tocan la mayor parte de la población adulta Occidental que come alimentos cada vez más desnaturalizados y en una atmósfera cada vez más estresante. También hay que ver lo evidente que todo lo que comemos está cargado de informaciones. Les dejo deducir el efecto que puede tener en su sistema informacional la ingestión de carne de animales maltratados, y a veces muertos en horribles condiciones.

Después de esta causa mayor de pesadillas de origen corporal viene otra causa bastante corriente aún más desconocida que es debida a una mala postura del atlas (la primera vértebra cervical). Según las investigaciones efectuadas por René Schümperli, el atlas estaría en mala postura en numerosas personas y en muy mala postura en las que sufrieron un traumatismo. René Schümperli también observó que las madres que tienen un atlas desplazado dan a luz a niños con el atlas mal ubicado. Es fácil comprender abriendo un libro de anatomía, que un atlas mal ubicado perturba enormemente el flujo sanguíneo al cerebro así como el influjo nervioso. Lo que es susceptible de provocar pesadillas recurrentes de catástrofes. Ese problema es sin embargo muy fácil de arreglar gracias a la invención de René Schümperli, que permite de colocar el atlas a su justa posición sin peligro y sin dolor. Encontrará más informaciones en el sitio de este inventor y leyendo los libros que publicó

Además de esas dos causas principales, todos los otros malestares corporales dan lugar a sueños de catástrofes naturales, de guerras, de incendio, etc. El cuerpo utiliza el lenguaje de la naturaleza para hacerse comprender. Por otra parte, como él mismo forma parte de la naturaleza, sólo comprende y habla ese lenguaje.

A propósito de esto, quisiera compartir un sueño que tuve una noche y que me marcó mucho. En ese sueño me encontraba frente a un magnífico tigre y me planteaba esta pregunta: «Pero, ¿que es un tigre?» Recibí en el sueño esta respuesta bastante inesperada: "un tigre es un cosmos, y cada célula de su cuerpo es una estrella ". Deduje que todo organismo vivo es un cosmos como el tigre de mi sueño. Cuando hacemos un trabajo de observación de conexiones entre nuestros sueños y nuestro realidad, nos damos cuenta que nuestro cuerpo también es un cosmos, es todo un mundo interior con sus paisajes, sus cursos de agua, sus montañas, sus habitantes, sus intemperies y sus catástrofes naturales que es posible ver en estado de sueño. Las perturbaciones de nuestro cuerpo desencadenan a menudo pesadillas que nos muestran catástrofes naturales «grandeza de la naturaleza».

Tales sueños, también impresionantes imágenes no son el anuncio de catástrofes en nuestro entorno exterior. Sin embargo, en realidad, « catástrofes» (de desordenes) tienen lugar en el interior de nuestro propio universo corporal.

Por ejemplo, en un momento de mi vida comencé a soñar que escalaba con pena en las calles de una ciudad con médanos de varios metros que habían invadido el lugar. Ese sueño se repetía cada noche. ¿Anunciaba una tormenta de arena en Paris? ¡No! Presentándome esta ciudad más que real con sus calles, sus coches, sus habitantes, mi cuerpo me mostraba que necesitaba parar de tomar el complemento de silicio que estaba tomando desde algún tiempo y que no le era conveniente. No se trataba de un sueño recurrente anunciando una catástrofe natural, sino un sueño recurrente señalándome un desorden en mi cuerpo con forma de montañas de arena que movían las «arterias» de una ciudad. La arena en efecto contiene silicio y fue suficiente con parar de tomar ese complemento para hacer desaparecer el sueño que antes era recurrente y para evitar ciertamente problemas de salud.

En el mismo orden de fenómenos, la fiebre, por ejemplo, puede provocar pesadillas poniendo en escena terribles sequías que llevan a desertificaciones y la muerte de miles de personas (que de hecho representan a menudo células). Las inflamaciones pueden poner en escena onírica terribles incendios. Problemas de riñones pueden provocar sueños de inundaciones catastróficas e incontrolables. Problemas vinculados a la sangre a su composición y circulación pueden dar lugar a sueños que ponen en escena cursos de agua, como arroyos, y ríos, en los que de las personas que nadan son demasiado gordos (a menudo una indicación de colesterol) o embarcaciones que tienen problemas de navegación. Ocurre también que el agua de esos ríos y esos arroyos sea sucia indicando a menudo una intoxicación. En nuestro cuerpo que lucha a veces contra microbios invasores, podemos ver en sueño terribles guerras que a menudo no tienen grandes emociones.

Cuando nos encontramos en un entorno dado, nuestra mente mira con los ojos, siente con la nariz, escucha con las orejas, pero el cuerpo, percibe todo tipo de informaciones a través de toda su superficie. La manera en la que el cuerpo percibe como «ciego» el entorno exterior, y todo lo que le hacemos puede también provocar algunas pesadillas de catástrofes naturales. Por ejemplo, gracias a su cuaderno uno de mis alumnos pudo observar que sus secuencias de electroacupunctura desencadenaban en él sueños de terremoto. La electroacupunctura desencadena también en mí ese tipo de sueño. Como nunca tuve la experiencia en la realidad de un terremoto y de lo que se puede presentir en las piernas en ese momento tuve la suposición que mi cuerpo recibió en su herencia informacional, la memoria de la experiencia, de mis ancestros (próximos y más lejanos) que vivieron casi todos en el sur de Italia, una región sujeta a ese tipo de catástrofes naturales. Parece que llegamos al mundo con una memoria ya instalada en nuestro cuerpo (¿o en nuestro espíritu?) y que nos permite beneficiarnos con algunas experiencias de nuestros ancestros, pero también, lamentablemente, continuar sufriendo informaciones y emociones traumatizantes vividas por ellos.

El psicoanálisis moderno se preocupó por esta pregunta y probó que existe una transmisión transgeneracional de algunos traumatismos.

Anne Ancelin Schützenberger, psicoterapeuta y grupo-analista pudo verificar a través de su práctica profesional la existencia de una especie de herencia psicológica que Freud citó en sus términos "la herencia arcaica":

"La herencia arcaica" del hombre no solo tiene predisposiciones, sino también contenidos ideales de traces mnémicas que dejaron las experiencias hechas por las generaciones anteriores" (FREUD Sigmund, *Moisés y el monoteísmo*, 1939, Gallimard, Poche, Colección Ideas, 1948, p. 134).

En un obra muy interesante intitulada *Aïe mes aïeux!* Anne Ancelin Schützenberger, da numerosos ejemplos sacados de su experiencia que demuestran la existencia de vínculos psicológicos transgeneracionales. Para lo que involucra las pesadillas, numerosos ejemplos son citados e involucran los descendientes de personas que han sufrido eventos traumatizantes, que esos eventos fueran o no conocidos conscientemente por las personas que tuvieron esas pesadillas. Ella escribe :

"Se constata en clínica la transmisión transgeneracional de traumatismos graves no hablados —o cuyo duelo no fue hecho— como traumatismos de guerra (gas, ahogados o casi-ahogados, torturas, violaciones que hieren a un padre o un hermano o un camarada de guerra).

Nada de lo que conocemos desde un punto de vista psicológico, fisiológico o neurológico permite comprender cómo algo puede atormentar a generaciones de la misma familia."

La solución que propone en el caso de tales pesadillas es una psicoterapia que consiste en buscar lo qué pasó en la historia familiar para dar con el problema consciente de manera de poder tratarlo como se debe, por el perdón o por el olvido , para evitar los fastidios para las generaciones futuras. Pero es posible arreglar ese problema de otra manera actuando sobre los sueños.

Una de mis alumnas tenía regularmente sueños de maremoto en los que moría ahogada. Lo que la angustiaba mucho era que vivía cerca del mar. Su cuaderno de sueños ha hecho surgir que esos sueños se desencadenaban principalmente después de irrigaciones de colon. Su cuerpo interpretaba la sensación de plenitud de agua en el vientre como un ahogado. Hicimos algunas investigaciones supimos que algunos ancestros que fueron marinos habían muerto en el mar. En ese caso, la información parece ser transmitida a las generaciones siguientes. Esta persona tenía entonces en algún lado (¿en su capital genético? ¿ en su herencia psíquica?) la memoria de la sensación corporal provocada por un ahogado. Esta memoria se manifestó en un sueño luego de la sensación corporal de un «demasiada agua».

Como puede constatarse a través algunos ejemplos, saber lo qué pasó en la realidad de una persona e incluso a veces en la realidad de sus ancestros y de sus seres queridos es primordial para comprender si sus pesadillas son o no sueños premonitorios.

Un día, en la sala de espera de mi médico, un paciente me confió sus sueños recurrentes de accidentes de coche en los que se escapaba cada vez por muy poco. Intuitivamente, sentí que tenía un traumatismo familiar y le pregunté si había personas muertas en esas circunstancias en su familia. Resulta que varios de sus familiares habían muerto en accidentes de coche. Lo animé a hacer un trabajo personal para liberarse de esas desagradables pesadillas y también para neutralizar ese peligro en estado de sueño.

Existen también, como lo veremos ahora, pesadillas provocadas por sufrimientos psíquicos que no se deben a traumatismos o a herencias psíquicas, pero reflejan los conflictos interiores de los soñadores.

2) Las pesadillas de catástrofes naturales provocadas por el ánimo

Acá, entramos en el terreno privilegiado de las pesadillas de catástrofes (naturales o no) que implican accidentes de medios de transporte (coches,- colectivos, aviones, trenes, motos, barcos, bicicletas ¡e incluso monociclos!), accidentes vinculados al agua (maremotos, huidas y desbordes de todo tipo, crecidas de ríos, etc.), destrucciones vinculadas al viento, guerras, catástrofes vinculadas a la Tierra (terremotos, erupciones volcánicas, deslizamientos de tierra). Todos esos tipos de sueños ponen frecuentemente en primer plano gastos ocasionados en la casa del soñador o en partes de esta casa. Llamé a esta parte «pesadillas del espíritu», pero también hubiera podido decir «pesadillas psicológicas» o «pesadillas de la psiquis» ¡no importa!

Lo que hay que retener es que el malestar psicológico tiene tendencia a provocar pesadillas de catástrofes naturales muy impresionantes y extremadamente perturbadoras.

Se puede poner fin a esto encontrando o re-encontrando solo o con ayuda externa, un equilibrio psicológico perdido por múltiples razones. Tener un cuaderno de sueños y de realidad puede también ayudarlo en ese sentido. Pero es a veces necesario hacer algunos cambios en nuestra vida para los que hay que tener coraje: por ejemplo, abandonar la seguridad material de un empleo que no nos conviene por otro que nos convendría mucho más, o bien poner fin a una relación afectiva que no nos conviene, o abandonar un lugar o un país en el que no nos sentimos bien.

Tener un cuaderno de sueños y de realidad permite conocer su propio terreno psicológico, y ayudar a tomar las medidas en la vida real para acelerar la cura de la psiquis. Esto puede hacerse acompañándose con otra terapia lo que lo hará más eficaz.

Cuando conozca su «terreno psicológico» y el tipo de pesadillas recurrentes al que lo induce, sabrá reconocer esas pesadillas de catástrofes que no son más que la puesta en escena imaginada de una «pesadilla interior de naturaleza psicológica» y distinguirlas de los verdaderos sueños de alertas. Los sueños de alerta están marcados por una gran calma emocional, mientras que las pesadillas de tipo psicológica están marcadas por emociones intensas y conflictos. Este es un ejemplo de sueños de catástrofes vinculadas a problemas psicológicos:

Accidente y desfiguración:

Una persona soñaba regularmente con accidentes de coche en los que se encontraba completamente desfigurada. Gracias a su cuaderno de sueños y de realidad, pudimos comprender que esta persona sufría en realidad por no estar en el verdadero lugar que le correspondía dentro de la sociedad. Jugaba un 'rol', deseado por su medio familiar ejerciendo una actividad profesional que no le convenía en absoluto. Ya no era ella misma. Su medio familiar la había «desfigurado» psicológicamente. Admitir este sufrimiento psicológico, le permitió tomar medidas para vivir una vida más conforme a sus reales necesidades, sus pesadillas desaparecieron y su salud mejoró.

Maremoto y ahogado:

Otra persona soñaba que la llevaba una creciente gigantesca antes que se desencadenara en su realidad un período de intenso cuestionamiento, de duda y de malestar.

Accidente de avión:

Una persona muy diplomada, apasionada por su trabajo, pero desocupada durante años, por no encontrar empleo correspondiente a sus competencias, terminó por aceptar un empleo muy por debajo de sus competencias y que nada tenía que ver con sus estudios y su medio social. Un poco antes de aceptar este empleo tuvo pesadillas muy terroríficas en las que se veía piloteando sola un avión que se estrellaba bruscamente contra el suelo, dejándola sin vida. Se trataba en ese caso, no de sueños premonitorios, sino de sueños indicando que su psiquis estaba sufriendo. Esta persona de algún modo había, «caído desde muy alto» con respecto a sus aspiraciones profesionales y sus sueños traducían de manera simbólica la intensidad de su sufrimiento psicológico.

Una repentina sacudida de certezas, formas de pensar y costumbres de una persona puede desencadenar sueños de terremotos o ser prevenida antes que ocurra por tales sueños.

No voy a detenerme sobre este tipo de pesadillas, pues es muy fácil encontrar ejemplos en todas partes en los libros de psicología. Son los tipos de pesadillas que fueron (y que son siempre) más estudiadas por los psicoterapeutas. Por otra parte, tenemos tendencia actualmente a atribuir las pesadillas muy a menudo a causas psicológicas, mientras que las pesadillas psicológicas no son, para la mayoría de nosotros, las pesadillas más corrientes.

Una tercer causa de pesadillas normalmente atribuidas erróneamente a problemas psicológicos proviene del entorno energético del durmiente.

3) Las pesadillas de falsas alertas de catástrofes naturales vinculadas a las perturbaciones energéticas en el entorno del durmiente:

Además de tener una dimensión material, nuestro cuerpo también tiene una dimensión energética. Corrientes de energía lo atraviesan y está en intercambio energético permanente con su entorno natural y con los seres vivos que lo rodean: seres humanos, animales e inclusive plantas. La Tierra presenta también una dimensión energética. Meridianos de energía recorren nuestro cuerpo, la Tierra posee una red energética llamada por los geobiólogos la red Hartmann. Algunos puntos de cruce de líneas de energía telúrica pueden ser muy benéficos a las personas que los visitan y recargan su organismo de energía. Mientras que otros pueden simplemente matar si nos exponemos a ellos cada día o cada noche durante años.

Casi todos hemos perdido toda sensibilidad consciente a esas perturbaciones energéticas y mucho son los que imaginan que todo es una tontería. Sin embargo, aunque no creamos en esto, nuestro cuerpo continúa presintiendo esas energías y utiliza a menudo nuestros sueños y en los casos más graves las pesadillas, para advertirnos que algo no está bien para él en el plano energético. Haciendo un trabajo de observación de conexiones entre los sueños y la realidad, se observará rápidamente que uno de los objetivos principales de los sueños es la preservación de la energía, es decir la vitalidad, el crecimiento: la vida. Algunos animales domésticos guardaron intacta esta sensibilidad a las energías de los lugares. Los gatos, por ejemplo tienen la reputación de que les gusta instalarse en los puntos de energías nocivos para el hombre, pero no para ellos. Tendrían incluso la facultad de transformar esas energías nocivas.

En las antiguas civilizaciones, el funcionamiento de esas redes de energías telúricas y cósmicas parecen haber sido mucho más conocidos que en la época moderna. Los templos, las habitaciones y los otros edificios eran construidos teniendo en cuenta los datos energéticos del terreno. Los lugares de culto eran elegidos ante todo porque eran lugares energéticamente «especiales» desde un punto de vista telúrico y cósmico. En razón de esta especificidad energética, en el curso de la historia ocurrió muchas veces que las creencias religiosas, los dioses y los ritos cambiaban, pero los lugares de cultos quedaban en el mismo lugar.

En la época moderna, no se les ocurriría a la mayoría de los arquitectos Occidentales contemporáneos que ignoran a menudo todo de la red energética de la Tierra y sus efectos sobre los seres vivos, probar la realidad energética de los lugares tanto telúricos como cósmicos antes de construir edificios. Por otra parte, aunque lo desearan, parece que los conocimientos utilizados para seleccionar los lugares de cultos y construir templos se han perdido.

Los templos de la antigua Grecia, de la Roma antigua y del antiguo Egipto fueron construidos sobre altos lugares energéticos, igual que otros antiguos sitios espirituales en el mundo. Realmente no es por azar, que aún hoy, sus vestigios son como «amantes» que atraen a sí mismos a muchedumbres que continúan recargándose sin saberlo. Que las personas que componen esas muchedumbres crean o no en Dios o en la existencia de energías telúricas, su cuerpo les agradece poder beneficiarse con esos lugares. Cuando sus propiedades energéticas aún están intactas, son lugares muy atrayentes donde nos sentimos muy bien, felices y en paz, porque nos recargamos. Todas esas emociones positivas son en efecto provocadas principalmente por la plenitud energética que siente el cuerpo en lugares donde puede recargarse de una energía de excelente calidad.

En Occidente, en los medios la «*New Age*», el arte chino del Feng Shui está de moda. Este arte ayuda a administrar y canalizar las energías de los edificios para el bienestar y la prosperidad de las personas que los habitan o trabajan en ellos. En Francia, los geobiólogos proponen el mismo tipo de servicios que no llaman Feng Shui sino «armonización energética» o «re-equilibrio» energético.

Aunque esas prácticas conocidas en nuestros días puedan aportar una mejora real a la vida de las personas que se benefician, parecen sin embargo ser sólo «migajas» de conocimientos mucho más profundos que fueron utilizados por ejemplo por China antigua o por los sacerdotes del antiguo Egipto.

Aunque ya no sea posible, por mi conocimiento, de actuar con la eficacia de los antiguos Egipcios para construir edificios de alto poder energético o para acumular energía en algunos lugares y en algunos objetos; es siempre posible para cualquier persona que se ocupe de desarrollar su capacidad natural de presentir la calidad energética de los lugares en los que evoluciona. Esto, ninguna guerra, ningún cataclismo, ninguna retención de informaciones podrán quitárselas, porque se trata de una facultad natural que tenemos todos y que es fácil de desarrollar aplicando el método muy simple explicado en este libro.

Aparentemente, parece que en la antigua Roma, esta capacidad humana ya estaba atenuada porque sabemos que los antiguos Romanos utilizaban la sensibilidad de los animales para probar la calidad energética de los lugares donde deseaban construir. Se sabe, por ejemplo, que los antiguos Romanos dejaban vivir durante un año a las ocas en los terrenos en los que tenían intención de construir un edificio.

Luego, esas ocas se mataban y en función del estado de sus vísceras, los antiguos Romanos decidían o no construir sobre el terreno donde las ocas habían vivido.

Todos, sin excepción, estamos afectados por la calidad energética de los lugares en los que vivimos, sin importar cuál sea nuestra sensibilidad consciente a la calidad energética de nuestro entorno. En otros términos, aunque no lo creamos y aunque no percibamos nada conscientemente del aspecto energético de la existencia, esto no impide a nuestro cuerpo ser perturbado o bien estimulado en su funcionamiento energético según los lugares donde estemos. Algunas personas pueden enfermarse y a veces morir a causa de una exposición repetida a energías contrarias a la vida: por ejemplo en su habitación, o en el lugar de trabajo. En Paris, la atmósfera energética de algunas grandes tiendas son de hecho nefastas para la salud física y psicológica de los vendedores. Llevan a los clientes suficientemente sensibles a no quedarse demasiado tiempo, o como yo, a no ir si es posible procurarme en Internet lo que ahí venden. Son lugares particularmente agotadores y nocivos, ¡Sin embargo hay mucha gente que le gusta ir ahí y no sienten ninguna molestia!

Por mis investigaciones, pude observar que numerosos sueños de catástrofes naturales (que no se producen nunca en la realidad) son provocadas simplemente por perturbaciones energéticas en la habitación del soñador. Por esto, si tiene pesadillas recurrentes, es conveniente ante todo verificar si son provocadas por perturbaciones energéticas en su habitación. Para esto puede, ya sea llamar a un especialista que venga con instrumentos de detección, o bien pedirle a alguien de su entorno, (que como yo y numerosas personas) siente todo naturalmente en estado de vigilia con su cuerpo, que lo ayuden. Puede también arreglárselas solo a tientas cambiando la posición de su cama, o yendo a dormir a otra habitación y comparando con cada cambio la calidad de su sueño, hasta lo que recupere un sueño reparador y sin pesadillas.

—

Pude observar que cuando hay una perturbación energética en el lugar donde duerme una persona, ésta puede acostarse muy cansada, lista para dormir, pero no logra dormirse a pesar la fatiga. Me parece que esto es por el hecho que su cuerpo perturbado por la mala calidad energética de su entorno permanece tenso y no logra alcanzar la relajación muscular necesaria para el adormecimiento. En tales caos, a veces fue suficiente que las personas que creían «insomnes» luego de una mudanza, por ejemplo cambiar simplemente la posición de la cama para dormir normalmente y encontrar un sueño en paz y reparador.

Ocurre también que al salir de vacaciones a la montaña a descansar las personas regresen aún más cansadas porque no pudieron dormir correctamente. A menudo, esto es simplemente por el hecho que su cama estaba mal orientada con respecto a los cursos de agua que estaban próximos al lugar en el cuál intentaron dormir. Para dormir bien en la montaña la cama debe estar ubicada en el sentido del curso natural de agua de los torrentes. Si se toma esta precaución, dormir cerca de un torrente impetuoso o de un río es agradable, reparador y benéfico, en lugar de provocar insomnios. Es suficiente que esas personas que tienen insomnio durante las vacaciones en la

—

montaña regresen a su casa para encontrar un sueño normal.

A la inversa, para otras personas, los insomnios o un sueño poco reparador y poblado de pesadillas recurrentes cesan sistemáticamente sin razón aparente en cuanto están de viaje. En esos casos, hay grandes probabilidades que la causa de las pesadillas y los insomnios se encuentre en la habitación habitual del durmiente. A veces es suficiente con modificar la orientación de la cama y los muebles, sacar los espejos (o cubrirlos antes de ir a dormir, si no los puede sacar), suprimir los objetos metálicos, y eléctricos que están cerca de la cama (inclusive la cama) para que esas personas se encuentren durmiendo en su casa un sueño apacible y con mejore salud.

Observé que cuando el cuerpo es perturbado energéticamente durante el sueño, desencadena pesadillas recurrentes que pueden durar varios meses, incluso años. Luego, a menudo esas pesadillas se detienen, aunque el sueño es cada vez menos reparador y el período de adormecimiento es cada vez más largo y difícil, y conduce a tomar somníferos o tranquilizantes. Al cabo de un tiempo, variable de una persona a otra, puede instalarse una enfermedad. Es crónica e inexplicable de un punto de vista médico, y conduce algunas veces a la muerte. Existen, por ejemplo, inmuebles energéticamente «insalubres» en los que la mayoría de los habitantes mueren inexplicablemente con los mismos tipos de patologías que afectan también sus animales domésticos. Michel Moine y Jean-Louis Degaudenzi dan un ejemplo sorprendente en su manual de geobiología, se trataba de un inmueble parisino, en la calle Blanche en Paris, donde todos los habitantes entre los cuales algunos murieron estaban afectados por las ondas nocivas de los lugares, antes que se descubriera la causa y que se la remediara.

Los aparatos eléctricos como despertadores, celulares, televisión, computadoras y las tomas eléctricas, cercanas a nuestro cuerpo perturban también su energía aunque muy pocas personas sean capaces de presentir una molestia o un malestar en estado de vigilia.

Aunque las perturbaciones energéticas que molestan el cuerpo no se perciban conscientemente en estado de vigilia, muchos de nosotros somos prevenidos por nuestro cuerpo del hecho de que sufre perturbaciones energéticas. Nos fabrica sueños de catástrofes naturales, o de agresiones para llamar la atención de la mente consciente sobre la necesidad de hacer algo para preservar la integridad energética del cuerpo.

Hay que evitar absolutamente tener todo tipo de aparatos eléctricos cerca de la cama. Si no puede hacerlo, desenchufe la televisión y la computadora antes de ir a dormir y cubra las pantallas con un trozo de tela, porque las superficies que reflejan la luz en dirección del durmiente perturban el sueño y los sueños.

¡Personalmente, soy demasiado sensible a mi entorno energético para poder dormir con un aparato eléctrico en mi mesita de luz o cerca de mi cama! Además, por experiencia podrá constatar sí debe evitar las partes metálicas en su cama (por ejemplo los colchones con resortes); la presencia de espejos en su habitación; y otras cosas que podrá revelar probando la calidad de su sueño durante su trabajo de observación de sueños y realidad.

Una persona que se quejaba de sueños recurrentes en los que era atacada por murciélagos que le picaban todo el cuerpo, simplemente dejó de tener esas pesadillas siguiendo mi consejo de sacar un aparato eléctrico defectuoso que estaba ubicado en su mesa de luz, cerca de su cabeza y que perturbaba gravemente su energía, sin que tuviera consciencia en estado de vigilia.

Dado que logramos determinar la causa concreta, como se ve, este tipo de pesadilla es una de las más fáciles de eliminar. Es suficiente con ir a dormir a otra parte, o cambiar la posición de la cama, o llamar a especialistas competentes para mejorar la calidad energética de los lugares. Las catástrofes mostradas por ese tipo de pesadilla no son eventos que van a desarrollarse efectivamente en el mundo real, sino advertencias de catástrofes que no faltarán en llegar a nivel de la salud del durmiente si no toma las medidas necesarias para remediar esas perturbaciones energéticas que afectan su cuerpo durante el sueño.

Llevando un diario de sueños y de realidad, de la manera en la que explico en este libro, podrá descubrir antes que sea demasiado tarde para su salud y la de sus allegados, los peligros para la salud que emanan de su entorno energético. Los bebés que son mucho más sensibles al entorno energético que la mayoría de los adultos pueden llorar mucho y estar constantemente enfermos por el lugar en el que duermen. Es suficiente con cambiar de lugar la cuna para que se sientan mejor y dejen de llorar durante la noche. Ocurre también que los niños tienen angustias en la habitación por las perturbaciones energéticas y quieren refugiarse en la habitación de sus padres. A veces es únicamente la energía nociva de algunos lugares que hace que sus habitantes sean angustiantes y nerviosas y que los conduzca a consumir numerosos medicamentos mientras que alcanza con tomar consciencia de la nocividad energética del lugar donde viven y remediarla.

Hacer el trabajo que le propongo sobre los sueños permite también desarrollar la sensibilidad a la energía de los lugares directamente en estado de vigilia por lo cual el cuerpo y la consciencia diurna restablecen el diálogo. Es muy práctico descubrir directamente con su cuerpo los lugares que no le convengan, así puede huir de ellos inmediatamente en lugar de agotarse inútilmente. Existen lugares estéticamente magníficos y energéticamente catastróficos. Por mi parte, la calidad energética de los lugares prima siempre en mis elecciones con respecto al aspecto material de los mismos. Lo ideal es vivir en un entorno a la vez materialmente bello y confortable, y energéticamente sano y vivificante.

Dormir en algunos lugares puede provocar pesadillas que se deben a las emociones de las personas o los animales que han vivido ahí con anterioridad. Tales pesadillas son recuperaciones de informaciones del pasado, no se vinculan ni al soñador ni a un evento en preparación en la realidad. Esas pesadillas catastróficas son fabricadas simplemente por el cerebro a partir de informaciones de tipo energético/emocional/informacional captadas por el conjunto del cuerpo. No es azar, si en las antiguas civilizaciones existían numerosos rituales de purificación de los lugares. La gente estaba al corriente de este aspecto de la vida. Se evitará dormir por ejemplo, en inmuebles construidos en antiguos mataderos, en alojamientos donde tuvieron lugar crímenes y otros actos de violencia, en antiguos campos de batalla, etc. Y si no se puede evitar, se hará intervenir a un especialista competente para intentar purificar esos lugares.

Para terminar con las pesadillas de falsas alertas de catástrofes, voy a hablarles de pesadillas post traumáticas y pesadillas traumáticas transgeneracionales.

4) Las pesadillas post-traumáticas y las pesadillas traumáticas transgeneracionales:

Las personas traumatizadas por catástrofes naturales realmente vividas pueden repetir durante algún tiempo en sueño esas escenas que los han traumatizado. Luego, esto se estanca, para reaparecer a veces cuando un evento en lo vivido, o simplemente un estado de stress viene a reactivar esta «dolorosa» memoria. En ese caso, evidentemente, los sueños de catástrofes serán casi siempre falsas alertas.

Ese tipo de pesadilla recurrente es, lamentablemente, mucho más difícil de eliminar que los otros tipos de pesadillas de falsas alertas y pueden transmitirse de generación en generación. De este modo, los descendientes lejanos pueden repetir en sueños recurrentes escenas traumáticas de guerras, de catástrofes naturales o de accidentes que no han vivido directamente, pero de los que la memoria les fue transmitida, por sus ancestros cercanos o lejanos. En caso de pesadillas recurrentes de catástrofes, si éstas no se desencadenan ni por problemas de salud, ni por perturbaciones energéticas en el entorno del durmiente, ni por un malestar psicológico, hay que buscar por el lado de los ancestros. Si la persona que tuvo esas pesadillas duerme con alguien de manera habitual, también hay que buscar del lado de los ancestros de esta persona que comparte la misma cama.

En efecto, a través de la observación de mis sueños y de mi realidad, y observando también numerosas personas, pude comprender que en una pareja, hay un intenso intercambio informacional por la proximidad de los cuerpos en la misma cama durante la noche, y también en las relaciones sexuales que mezclan las energías. Puede pasar a veces que la persona más sensible en la pareja (a menudo la mujer) «tenga pesadillas» transgeneracionales en lugar de su compañero. Además en una familia, dada la vida común, y los vínculos de sangre, existe un intenso intercambio de informaciones entre todos los miembros. De donde el interés de oír los sueños de todos los miembros de la familia, y también de observar a los animales domésticos que aunque no hablen nuestro idioma pueden comunicarnos a su manera informaciones que pueden salvarnos la vida.

Cuando se determina la causa transgeneracional de pesadillas, se puede actuar directamente en el sueño para arreglar la fuente ese tipo de traumatismo. Los psicólogos se interesan en esta pregunta, y hay muchos que se inclinan sobre la cuestión de la transmisión transgeneracional de traumatismos psicológicos. Es fácil encontrarlos en Internet, pero es muy posible arreglárselas solo haciendo un trabajo personal sobre los sueños. Por otra parte, otras técnicas como la hipnosis o el chamanismo pueden mostrarse muy eficaces para liberarse de un traumatismo transgeneracional. Si decide arreglárselas solo, verá que el simple hecho de interesarse en sus sueños, de observar sus vínculos con su realidad y dejar aflorar las emociones de los sueños a su consciencia diurna le ayudará a comprender mejor que puede curar su psiquis encontrando el verdadero camino que debió seguir en su vida y su verdadera personalidad.

Ahora que terminé con la exposición sobre los sueños de falsas alertas y de sus causas. Otro elemento que se combine a todas las categorías de pesadillas (de los que hablé y los otros) y que las agrava y contribuye a su desencadenamiento es el stress en todas sus formes.

Por ejemplo, un amigo me confió un día con gran angustia que su mujer soñaba cada noche desde hacía algún tiempo que sus dos niños morían. Podía ser que los pisara un auto, que los secuestraran y mataran, aplastados en un accidente en el ascensor, por una enfermedad mortal, etc. En resumen, su mujer veía a sus dos hijos morir cada noche y esos espantosos sueños la despertaban llena de temor. De hecho, descubrió por el contexto, que eran sólo sueños por stress. La soñadora estaba cambiando de trabajo y debía tener nuevas responsabilidades que la estresaban mucho. Como esta mamá estaba muy preocupada naturalmente por sus niños, su stress se transformó en sus sueños en agresiones o accidentes con respecto a sus hijos. Eran sueños de falsas alertas de peligros provocadas por una situación extremadamente estresante en la realidad. El stress se dirige en los sueños adonde apuntamos más emocionalmente o a nuestras fallas y nuestros miedos habituales. Por ejemplo, un ladrón sin escrúpulos en estado de vigilia podrá soñar que la policía lo detiene cuando se duerme en estado de stress, un avaro podrá soñar que le roban su dinero, etc.

Evitemos entonces el stress a toda costa. Evitemos los excitantes y aprendamos a relajarnos. Nos evitaremos así desencadenar pesadillas, de las que ya les hablé y otros tipos de pesadillas que sin poner catástrofes en escena perturban el sueño.

Habrá comprendido en la lectura de este capítulo dedicado a los sueños de falsas alertas, por qué la iniciativa de crear oficinas de registro de sueños de catástrofes fracasó. Demasiadas personas comen mal, viven estresadas, con problemas y duermen en alojamientos modernos construidos sin importar el «buen sentido energético», sin contar que los medios de comunicación nos riegan los sueños con imágenes de violencia, de horror, de sangre y de catástrofes. Es verdad que es con la energía del sueño (es decir la vida) que construimos nuestra realidad, la realidad influencia también el sueño. Por esto, una persona que mira, por ejemplo, una película de terror antes de ir a dormir «programa» su cerebro para soñar de horror. En otros términos, se mete en el ambiente energético y en las condiciones psicológicas para soñar con horrores al menos durante las primeras horas de la noche.

En consecuencia, ¡si pasa su tiempo mirando, escuchando, leyendo horrores de todo tipo, espere tener sueños y pesadillas influenciados por sus actividades de la jornada! ¡Por el contrario, usted sabe entonces lo que hay que hacer para tener bellos sueños, y también para sacar beneficio de su tiempo de sueño en lugar de gastarlo en sueños sórdidos condicionados por los medios de comunicación!

Un cerebro bombardeado, sin respiro, por informaciones catastróficas tiene todas las probabilidades de crear sueños catastróficos. ¡Hay en efecto tantas catástrofes preparadas en sus recuerdos! Además, las personas que sobrecargan sus cerebros de informaciones audiovisuales y que nunca tienen tiempos de silencio (que a menudo le dan miedo), tienen tipos de «sueños» que no son verdaderamente sueños, sino tipos de residuos de la «digestión» de informaciones de la vigilia que saturaron el cerebro. Es en ese caso, una indigestión permanente de informaciones de lo que tenemos que hablar y que priva la persona de su verdadera capacidad de soñar y de la posibilidad de entrar en contacto con su cuerpo y con su subconsciente.

En nuestros días, muchos individuos sufren sin ser conscientes de una real indigestión informacional hecha de imágenes y de mensajes de desastres, de guerras, de violencias y de horrores.

Por mi lado hace mucho tiempo que tomé las medidas necesarias para conservar mi verdadera facultad de soñar: no tengo televisión y protejo lo más posible mi psiquis de los «diarios de información», y las películas, libros y espectáculos emocional y psicológicamente insanos que hacen disminuir la vitalidad y disminuyen las chances de tener bellos sueños reparadores o creativos y estar prevenidos de peligros reales que nos amenazan en nuestro entorno Cuando voy al cine, es casi siempre en sueños. Los paisajes son grandiosos, la luz, los colores y la música también y me despierto de buen humor y llena de energía, de informaciones y de proyectos.

CONCLUSION

A través del canal de nuestro cuerpo, la psiquis tiene la posibilidad de acceder a toda información de su entorno en tiempo real. Nuestra mente consciente juega principalmente un papel de filtro que será parametrizado según nuestros intereses conscientes del momento. Si nuestro cerebro no filtrara la multitud de informaciones captadas permanentemente por nuestro cuerpo y nuestro subconsciente, podríamos transformar nos en locos y por ejemplo soñar todo el tiempo con las catástrofes que ocurren en el mundo y que no nos amenazan directamente.

Actualmente, el «filtro» del hombre moderno se cerró extremadamente a su entorno natural, y solo dejan pasar muy pocas informaciones sobre la energía de los lugares. Pero, dado que estamos casi todos muy interesados en seguir con vida, nuestro «filtro» puede ser fácilmente «reprogramado» para dejar pasar las informaciones oníricas importantes para nuestra supervivencia. Es suficiente con hacer el trabajo de observación de sueños y realidad propuesto en esta obra.

Las catástrofes naturales son, salvo excepción, soñadas cuando nos involucran personalmente o cuando involucran a personas cercanas a nosotros afectivamente. En todas partes del mundo, los individuos deberían tomarse el esfuerzo de explorar su mundo onírico para aprender a comunicarse con su subconsciente y con su cuerpo que están ahí siempre, como ángeles guardianes, para ayudarlos eficazmente a preservar su vida. En cuanto a los animales, nos harían un gran servicio observarlos más, pero en el campo de la previsión de catástrofes, nunca podrán igualar al cerebro de un ser humano formado para utilizar sus capacidades oníricas. El animal en efecto no parece tener la capacidad de detectar peligros que no tienen origen natural, sino que son actividades humanas. Por ejemplo, en leas ciudades, el instinto de los gatos no es operacional para sobrevivir a la circulación automotriz. Igualmente, los animales no huyen ante una catástrofe nuclear, mientras que un soñador entrenado puede ser advertido de ese tipo de catástrofe. No me parece que los animales puedan detectar gracias a su subconsciente si un avión o cualquier otro medio de transporte presenta un problema técnico. Pero, se que un soñador entrenado según el método que expliqué en este libro, podrá saber antes de tomar un avión, si va a llegar sano y salvo a destino, o por ejemplo, si el avión presenta riesgos técnicos.

Lograrlo es muy simple. Basta con tener un cuaderno de sueños y de realidad como indiqué en este libro. A través de este ejercicio, se aprende a estar familiarizado con su universo onírico y a ver cómo nuestra fuerza vital nos impulsa permanentemente al futuro cercano o lejano. Entonces, es muy simple saber si va a llegar a destino con su avión, o su barco. Prestando atención a sus sueños antes de partir (una o dos semanas antes) y si ve en sus sueños que su vida continúa normalmente. Por ejemplo, si comienza a soñar con el lugar adonde irá , las cosas que hará, las ropas que se va a poner, y las personas que va a encontrar , es que su trayecto estará bien.

Estoy muy feliz por haber compartido con usted el fruto de mis investigaciones en este campo y espero que este libro le haya interesado.

Para los que quieren ir más lejos, organizo regularmente talleres que se anuncian en mi sitio y también doy conferencias sobre otros aspectos de los sueños, por ejemplo sobre los sueños y la innovación.

http://www.amancini.com

Guio también a algunas personas por año individualmente por un período que va de los 6 meses a un año, para ayudarlas a desarrollarse más rápida y fácilmente. Intervengo puntualmente para ayudar a personas a arreglar todo tipo de problemas. Puedo, por ejemplo, encontrar gracias a mis sueños objetos perdidos. Pueden encontrarme por correo electrónico en la siguiente dirección:

info@amancini.com

P.S.: Mientras que terminaba este libro, encontré un investigador que me aseguró que según sus cálculos astronómicos el 6 de junio de 2012 se produciría un cataclismo, por un tránsito de Venus y que la tercera parte de la población del globo perecería a causa de ese tránsito. Hice algunas investigaciones en Internet y constaté que circulan informaciones sobre este tema, y que hay otros anuncios de cataclismos en otras fechas, sobre todo en diciembre de 2012.

Por mi parte, por el momento no soñé nada de eso, ni en Paris, ni durante mis recientes viajes a Normandía. Mis sueños siguen su curso normal, es decir que veo que mi vida continúa normalmente. Si fuera a ocurrir un cataclismo próximamente y a llevarse a la tercera parte de la población, seríamos muchos los que desde hace un tiempo tendríamos sueños de tipo muy especial y en todo caso desenganchado completamente con respecto a nuestras preocupaciones habituales.

Carpe diem.

RESPUESTAS A PREGUNTAS FRECUENTES

1: ¿Por qué yo no sueño?

Está científicamente admitido que todo el mundo, salvo problemas graves en la integridad del cerebro, sueña. El sueño es necesario para la buena salud física y psicológica. Es bastante fácil que las personas que piensan que no sueñan reactiven el recuerdo de los sueños. Si tiene problemas para recordar sus sueños, a falta de sueños anote sus impresiones a la mañana al despertar, su estado emocional. ¿Se siente triste, feliz? Anote los pensamientos que le vengan a la mente en cuanto abre los ojos. Por supuesto, si se levanta con un despertador que grita "buen día Simón" mientras que ese no sea su nombre, su cerebro se ocupará inmediatamente de reflexionar en ese cambio inesperado de identidad. Igualmente, si a penas se despierta se precipita mental o físicamente a las actividades de la jornada, tendrá muy pocas chances de recuperar algunos fragmentos de sueños. Normalmente, basta con interesarse en los sueños para recordarlos. El recuerdo de los sueños mejora muy rápidamente cuando se lo requiere y noté también que simultáneamente el recuerdo de los eventos de la jornada también mejora. A la inversa, si mejora su recuerdo en la realidad, esto puede influir también sobre el recuerdo de los sueños. Si verdaderamente, no logra por ningún medio recordar sus sueños, puede pensar en utilizar el efecto de entrenamiento que surge de otras personas que sueñan mucho y que recuerdan los sueños. Si pasa algún tiempo cerca de esas personas, le contribuirá a despertar su propia "mecánica onírica". Haga la experiencia, nos comunicamos mejor sobre las cosas en las que creemos. Sin embargo, antes de pedir ayuda exterior, verifique que duerme lo suficiente. En efecto, si está demasiado cansado y no duerme más que el tiempo estrictamente necesario para recuperar el físico, tendrá pocas chances de tener una buena memoria de sus sueños. Si este es su caso, intente extender el tiempo de sueño. Antes de dormirse, puede ordenarse a usted mismo soñar y recordar sus sueños. Esto funciona muy bien. Puede comer más liviano a la noche o cambiar de habitación. Observé en el transcurso de mis investigaciones sobre el efecto de los cristales en el proceso onírico y el sueño, que ubicar una punta de cristal de cuarzo bajo su almohada tiene un efecto amplificador del recuerdo de los sueños. Los hace más claros y más luminosos. Es una experiencia fácil de hacer y sin peligro. Aquí algunos de los medios que se propusieron en otras obras (que no tuve necesidad de probar):

En un libro sobre el yoga de los sueños: Aconsejaron dejar entrar más aire y/o luz en el lugar donde duerme; visualizar una bola roja a nivel del chacra de la garganta; o una perla blanca sobre la frente.

En un libro sobre el sueño lúcido: Aconsejaron tomar un complemento de vitamina B6 y utilizar nuez moscada en sus preparaciones culinarias. Este libro aconseja también el uso de un almohadón relleno de artemisa (*artemisia vulgaris*) o el uso de aceite esencial de salvia que tiene propiedades hipnóticas. Este aceite no debe ser utilizado cuando ingirió alcohol o al mismo tiempo que el almohadón relleno de artemisa. Además, ese almohadón no debe ser utilizado por mujeres encintas, porque esta planta contiene un componente susceptible de favorecer los abortos.

En un libro sobre la decodificación de los sueños escrito por una psicóloga: podemos leer que la motivación es extremadamente importante, que una alimentación pesada y grasosa, el tabaco, el alcohol y los tranquilizantes se deben evitar. La autora señala también el problema del despertador, que despertándolo bruscamente le hace olvidar sus sueños. Para ayudarse, el libro aconseja el método del vaso de agua. Consiste en lo siguiente: a la noche coloque un vaso de agua debajo de la mesita de luz y antes de dormirse beba un poco, diciéndose que a la mañana siguiente, cuando beba el resto, recordará sus sueños. La autora cita otros elixires florales que pueden ayudarlo, (mora, nomeolvides, naranjo, manzano). Dice que el elixir Chaparral de los laboratorios Deva ayuda al resurgimiento de emociones reprimidas. Menciona también los remedios florales del Dr. BACH. Todos esos remedios florales, sin efectos secundarios, pueden serle muy útiles, sin embargo no son absolutamente necesarios. Sueña naturalmente y puede recordar también naturalmente sus sueños.

En un libro sobre la creatividad onírica: se aconseja permanecer inmóvil con los ojos cerrados cuando nos despertamos e intentar recordar los sueños. Aconsejaron cambiar la posición del cuerpo en la cama. El cambio de posición corporal provoca a menudo el surgimiento de recuerdos de sueños. Esos consejos fueron dados por Patricia GARFIELD en su libro *Creative Dreaming*.

En el libro de Hervey de Saint Denys sobre la lucidez onírica, se encuentra un medio muy astuto, pero bastante difícil de implementar para hacer recuperar el recuerdo de los sueños. Cito al autor:

Un amigo íntimo, con el que hice un viaje bastante largo y que estaba interesado en mis investigaciones, sostenía convencido que nunca había soñado en su primer sueño. Varias veces, lo desperté poco tiempo después de que se hubiera dormido, y siempre me aseguraba de muy buena fe que no podía recordar ningún sueño. Una noche cuando hacía aproximadamente media hora que dormía, me acerqué a su cama, pronuncié en voz baja algunas órdenes militares: ¡Saque el arme! ¡Prepare el arma! Etc., y lo desperté suavemente.

« ¡Eh! bien, le dije, ¿esta vez seguís sin soñar nada?

— Nada, absolutamente nada, que yo sepa.

— Busca bien en tu cabeza.

— Busco bien, y sólo encuentro un período de abatimiento muy completo.

— Estás seguro, le pregunté entonces, que no viste ni un soldado...»

Ante la palabra soldado, me interrumpió como golpeado por una reminiscencia súbita, « ¡Es verdad! ¡Es verdad! Me dijo, sí, ahora me acuerdo; soñé que estaba en una revisión. Pero ¿cómo adivinaste eso?»

Le pedí permiso para guardarme el secreto hasta que hubiera realizado la experiencia nuevamente. Esta vez, murmuré cerca de él términos de calesitas y una conversación casi idéntica se estableció entre los dos, en cuanto se despertó. Primeramente no tenía presente en la memoria la noción de ningún sueño, luego se acordaba, con mis indicaciones, lo que mis palabras habían provocado; y, puso reminiscencias a esta voz, se reencontraba con el recuerdo de varias visiones anteriores, en las que mi intervención había incomodado el curso.

Poco tiempo después de esta segunda experiencia, hice una tercera que no tuvo menos éxito. En lugar de emplear la palabra como medio para influenciar el sueño de mi compañero de ruta, utilicé pequeños cascabeles ligeramente agitados, cuyo sonido le había dado la idea de que seguíamos nuestro viaje, en un coche que recorría grandes caminos.

2: ¿Cómo luego interpretar mis sueños?

Al principio de la experiencia, conténtese con tomar nota de sus sueños y su realidad de la manera que le indico en este libro. No intente interpretar sus sueños de golpe, los comprenderá más fácilmente después de cierto tiempo, pues haciendo este simple trabajo de observación neutro, mejorará automáticamente la comunicación entre su subconsciente, su cuerpo y su mente consciente. La mejora de esta comunicación trae consigo una mejora de la circulación energética en su cuerpo. Después de cierto tiempo, cuando haya reunido suficientes observaciones, le bastará con releer de una vez todos sus datos. Verá que los mismos símbolos oníricos aparecen en relación con una misma realidad y le permitirá deducir el sentido preciso de sus propios símbolos oníricos. Por ejemplo, cuando era estudiante y trabajaba como interina, los sueños de pérdidas de calzado correspondían a fines anticipados y racionalmente imprevistos de mis misiones de interina en la realidad. Mientras que los sueños en los que me veía llevando un magnífico sombrero me anunciaba empleos de más alto nivel intelectual. Gracias a ese fenómeno, le será posible comprender la mayoría de sus sueños, de manera mucho más confiable que con todos los otros métodos de interpretación de los sueños que generalmente se utilizan.

Como ciertamente lo habrá comprendido, el entorno de los soñadores juega un gran papel en el contenido de los sueños, por esto, para poder interpretarlos correctamente, no puede alcanzar con un simple relato de un sueño, inclusive de una serie de sueños sin conocer el contexto y las costumbres del soñador. Para ilustrar la dificultad de interpretar los sueños si no se tienen informaciones sobre la realidad del durmiente, voy a hablarles del sueño siguiente sacado de mi cuaderno de sueños y que, a pesar de mi experiencia, no pude comprender en el momento en que lo anoté, sino después de haber obtenido algunos elementos de la realidad circundante. Es este:

«Esa noche, tuve un sueño divertido. Estaba en un parque con hierba bien verde y con plantas llenas de flores en forme de cubos. Eran cubos de todos colores. Estaba muy asombrada de que la Naturaleza produjera ese tipo de flores en forma de cubo que nunca antes había visto, y miraba todo divertida.»

¿Intente entonces interpretar ese sueño? Yo no lo intenté, sabía que recibiría la respuesta de otra forma. En efecto, después de haberlo anotado, sentí unas ganas enormes de ir a los jardines de la Ciudad Universitaria en Paris. Y ahí, ¡sorpresa! En el jardín, une exposición artística muy original había sido organizada: «regalos» de todos colores en forma de cubos estaban expuestos en el parque. Ahí estaba la respuesta que buscaba, mi sueño inexplicable me informaba simplemente de lo que ocurría en mi entorno cercano, como vivo cerca de la Ciudad Internacional. Pero pasando de mi subconsciente a mi consciente por el canal de los sueños, la información captada en mi entorno fue un poco «arreglada» para «acomodar» mi mente: los regalos de cartón de todos colores se transformaron en flores brotadas en plantas.

El mensaje de los sueños se transforma a menudo con respecto a la realidad que captamos subconscientemente. Por ejemplo, si capta en sueño informaciones a propósito de una persona que aún no conoce, esta persona tendrá en el sueño la apariencia de otra persona que ya conoce y con la que comparte rasgos comunes. Felizmente, existen muchos sueños muy claros que no necesitan interpretación. Por ejemplo, puede soñar una pregunta que le plantea un colega de la oficina y efectivamente, esta persona le planteará esta misma pregunta al día siguiente, o una semana más tarde. Ese tipo de sueño es extremadamente frecuente.

Después de alrededor de un año de observación de sus sueños y de su realidad, habrá logrado decodificar el 90 % de los símbolos oníricos de manera confiable y precisa. Comprenderá la inutilidad de los diccionarios de sueños. En efecto, cada persona tiene un lenguaje onírico personal y que resulta de la manera en la que el cerebro es programado en los primeros años de vida. Solamente un trabajo personal en profundidad le permitirá de descifrar su propio código onírico para poder servirse eficazmente de su facultad de soñar. Verá que en el transcurso de su existencia sus símbolos oníricos permanecen relativamente estables. Lo que significa que aprenderá el máximo de su lenguaje onírico en los primeros años de su trabajo. Aprenderá luego de tiempo en tiempo otros nuevos significados simbólicos cuando nuevos símbolos vinculados a nuevas situaciones reales se presenten. Esto puede ser comparado al aprendizaje del idioma materno. Aprendemos lo esencial en los primeros años.

Si un nuevo tema onírico aparece en sus sueños, y no desea esperar para conocer el sentido de esos sueños, puede ayudarse con todos los consejos que fueron dados por numerosos autores, la mayor parte del tiempo psicólogos, para interpretar sus sueños. Puede utilizar por ejemplo la técnica de la entrevista de Gale Delaney. Robert

Moss propone, entrar de nuevo en los sueños y revivirlos.

Principalmente, insisto nuevamente, no se confíe de los diccionarios de los sueños u otras claves de sueños para ayudarlo, no harán más que inducirlo a error y angustiarlo. Muchas veces están llenos de supersticiones y pueden llegar a ser muy negativos. Observé además en el transcurso de las formaciones que doy que las personas que habían tomado la costumbre de utilizar un diccionario de interpretación de sueños durante largos años habían programado su cerebro y sus sueños a soñar conforme al contenido del diccionario. Al hacerlo limitaban drásticamente su acceso al campo informacional naturalmente abierto cuando se observan los sueños y la realidad con toda la neutralidad de un investigador.

En lugar de utilizar claves de sueños, piense por el contrario en comprender sus sueños en relación con los procesos en marcha en la naturaleza. En el transcurso de mis investigaciones, pude constatar que el subconsciente está muy vinculado a la naturaleza, que le habla la mayor parte del tiempo «el lenguaje de la naturaleza» y que numerosos símbolos pueden ser comprendidos por referencia a la naturaleza y a su funcionamiento. Por ejemplo, en un sueño, una planta que crece significa el crecimiento de algo en su psiquis o a veces en su billetera o en sus sentimientos. El agua que da la vida es a menudo sinónimo de energía, y pérdidas de agua muestran al soñador sus pérdidas energéticas, etc.

Desde este punto de vista, un diccionario de símbolos es un buen instrumento de trabajo. En francés, puede utilizar el *Diccionario de Símbolos*, de Jean Chevalier y de Alain Gheerbrant.

En último lugar, cuando desea interpretar sus sueños, escuche su intuición y preste gran atención a las emociones sentidas en el sueño. Son determinantes para la comprensión del sentido de un sueño. Por mi parte es principalmente la intuición la que me guía cuando alguien me pide interpretar un sueño. A veces, tengo intuitivamente la respuesta inmediata, otras veces mi intuición me hace plantear preguntas apropiadas sobre el entorno del soñador. Otras veces, tengo la intuición de que ese sueño no involucra a la persona que lo cuenta y no puede ser interpretado en sí mismo. Me ocurre también de soñar el sueño que me van a contar y su interpretación antes de encontrar a las personas que en la realidad me contarán sus sueños. Esto me pasa a menudo en viajes, donde encuentro en un tren, en un avión, en un parque o en un restaurante, al desconocido(a) que habitualmente no preste ninguna atención a sus sueños, pero va a sentir ganas irresistibles de contarme un sueño que lo marcó mucho y preguntarme que pienso, ¡Aunque no sabe que me intereso tanto en los sueños! En esos casos, se trata para el interesado(a) de un mensaje muy importante que su subconsciente quiso transmitirle. Pero al no poder hacerlo directamente, organiza en el mundo del sueño este encuentro que en la realidad parece haber llegado «por la más pura de las casualidades».

3: ¿Se pueden captar durante los sueños informaciones provenientes de lugares o de personas alejadas?

La respuesta es: si. Pero no puedo darles una explicación científica a ese fenómeno tan natural y corriente. Observé a lo largo de mis investigaciones que mi cuerpo podía captar informaciones provenientes de personas alejadas. Soñé por ejemplo cuando estaba en Paris las informaciones precisas para un evento que ocurría en China cerca de Shanghái y que involucraba a un querido amigo chino. Sueño regularmente con informaciones respecto a una amiga que vive en

Nueva York y que puedo verificarlo con ella por teléfono o por mail.

Me pasa también muy regularmente que me «proyecto en sueño» a lugares desconocidos a los que debo ir. Capto informaciones de esos lugares y la gente que ahí vive, antes de ir. Mis sueños me permiten facilitar enormemente mis viajes y señalarme eventuales peligros.

Pude observar que no capto informaciones con respecto a cosas que no me interesan o que no presentan afinidades psicológicas conmigo. En estado de sueño, la distancia geográfica no cuenta para el acceso a las informaciones. Lo que prevalece es la ley de atracción, la de las afinidades, atractivos y centros de interés.

En estado de sueño, la ley de atracción por afinidad (lo que se parece se une) juega un papel mayor en la captación de informaciones provenientes de lugares alejados o de personas alejadas. Sin embargo, mientras capta informaciones provenientes de personas o de lugares muy alejados, su entorno inmediato y su propia esfera informacional van a "colorear" y a veces deformar las informaciones que capta a lo lejos. Algunos tipos de informaciones y de energías van a atraerse en función de sus centros de interés, de su nivel de energía y también de los objetos que lo rodean donde duerme. Si por ejemplo, duerme cerca de un objeto que perteneció a un ser querido que está de viaje, tendrá muy grandes probabilidades de captar informaciones con respecto a esta persona porque duerme cerca de un objeto que le perteneció y está cargado de su información energética. Me sucede muy a menudo soñar con personas que leen mis libros sobre los sueños y comunicarme con ellas por este tema.

Numerosas tradiciones espirituales han mencionado el hecho que cuando dormimos podemos salir de nuestro cuerpo, viajar, encontrar gente y arreglar negocios, etc. Podrá verificar por usted mismo a través de la observación del proceso onírico que es un fenómeno corriente. Cuando ese fenómeno se produce, podrá observar que aunque esté fuera de su cuerpo, éste continúa captando activamente informaciones que sigue recibiendo como si estuviera al mismo tiempo en su cuerpo y en el exterior de éste.

Es también posible salir de su cuerpo a partir del estado de vigilia utilizando técnicas particulares. Existen libros muy interesantes sobre ese tema donde se explican métodos para salir de su cuerpo voluntariamente a partir del estado de vigilia. Algunos autores estiman esas practicas desprovistas de todo peligro, pero no es la opinión de todos los autores. Encontré todas estas investigaciones sobre las salidas fuera del cuerpo en estado de vigilia muy apasionante, pero por mi lado prefiero hacer mis salidas fuera del cuerpo, (llamadas también viajes astrales), en estado de sueño, pues se hace naturalmente, cuando tenemos la energía y la calma para hacerlo, y no presenta ningún peligro.

BIBLIOGRAFÍA

Obras recientes sobre los sueños:

Acercamiento chamánico:

MOSS Robert, *Dreaming True, How to Dream Your Future and Change Your Life for the Bette*r, Nueva York, Pocket Books, 2000.

www.mossdreams.com

Acercamiento yóguico:

NORBU, NamKhai, *Le Yoga du rêve*, Paris, J.L. Accarias, 1993, colección L'originel, traducido del inglés por Gisèle Gaudebert.

En el tantra del sueño, el objetivo es la preparación al pasaje de la muerte. Este acercamiento desaconseja insistir en el análisis de los sueños y los fenómenos como la telepatía o el conocimiento del futuro que aparezcan durante el estado de sueño. Afirma que el desarrollo de la consciencia conduce a la supresión total de los sueños.

Acercamiento psicológico:

DELANEY Gale, *All About Dreams, Everything You Need to Know About Why We Have Them, What They Mean, and How To Put Them to Work for You*, Nueva York, Harper Collins, Harper San Francisco, 1988. Acercamiento psicológico abierto de los sueños. Se trata de una obra muy completa que hizo el inventario de todas las teorías sobre el sueño desde la antigüedad y a través del mundo. El estudio exhaustivo y crítico de la historia del Acercamiento psicoanalítico de los sueños es muy interesante.

SALVATGE Geneviève, *Decodez vos rêves*, Paris, Presses Pocket, 1992

Acercamiento religioso del sueño:

KELSEY Morton, *Dreams: A Way to Listen to God*, Nueva York/Mahwah, Paulist Press, 1989

Este libro escrito por un pastor de mente abierta es muy interesante por la crítica a la actitud de la iglesia cristiana en el transcurso de la historia frente a los sueños. Es muy interesante por sus ejemplos de sueños que anuncian la muerte.

Acercamiento por técnicas de control de los sueños, sueños lúcidos:

LABERGE Stephen and RHEINGOLD Howard, *Exploring the World of Lucid Dreaming*, Nueva York, Ballantine Books, 1992.

LABERGE Stephen, *Le Rêve Lucide: le pouvoir de l'éveil et de la conscience dans vos rêves*, (traducción de *Lucid Dreaming*), île Saint-Denis, Ediciones Oniros, 1991.

DEVEREUX Paul and DEVEREUX Charla, *The Lucid Dreaming Book, How to awake within, control and use your dreams*, Boston, Tokio, Díaney Ediciones, 1998.

CASTANEDA Carlos, *L'art de rêver*, Paris, Pocket Âge d'être, 1996.

Este autor tuvo mucho éxito, pero sus libros no son siempre fáciles de comprender, sin contar que las informaciones importantes se ahogan en una gran cantidad de texto. Se leerá el autor Victor Sanchez aprovechando que realizó una excelente síntesis de las informaciones más importantes con respecto al arte de soñar, contenidas en la obra de Castaneda: Les Enseignements de Don Carlos, *Applications Pratiques de l'Oeuvre de Carlos Castaneda*, Victor Sanchez, Editions du Rocher, 1992

<u>Acercamiento científico, biológico del sueño:</u>

Para Francia, ver el sitio de la Universidad de Lyon 1: http://reve.univ-lyon1.fr/index_f.html

JOUVET Michel, *Le sommeil et les Rêves*, Paris, O. Jacob, 2000.

WOODS Ralph L. and GREENHOUSE Herbert B., Editores, *The New World of Dreams*, Nueva York, Macmillan Publishing Co, inc., 1974.

Encontrará en este libro numerosos artículos escritos por científicos que estudiaron el sueño, sus ciclos, los efectos de las drogas, medicamentos, alcohol y excitantes sobre el proceso onírico, les efectos de la privación del sueño en el hombre y el animal, o la privación del ciclo REM del sueño.

MAGAÑA Sergio, *2012... e poi? L'alba del Sesto Sole, La via di Quetzalcoatl segundo il Calendario tolteco-mexica*, Edizioni Amrita, Giaveno (TO), Italie, 2011

Ese chaman mejicano enseña el arte de soñar según la tradición de los antiguos mexicanos

http://www.concienciadimensional.com/en/members.html

Para una síntesis de numerosos acercamientos de los sueños:

GARFIELD Patricia L., La créativité onirique, *du Rêve ordinaire au Rêve lucide*, (Título original: *Creative Dreaming*), Paris, 1974.

COXHEAD David et HILLER Susan, Les Rêves visions de la nuit, Paris, Seuil, 1976 (traducción de: *Dreams, Visions of the Night*).

Autores antiguos y literatura "clásica" sobre los sueños:

ARISTOTE, *La Verdad de los sueños, La adivinación en el sueño*, (*Parva Naturalia* 462 b - 464 b), traducido del griego y presentado por Jackie Pigeaud, Paris, Rivages Poche, 1995

ARTEMIDORE, *La Clave de los Sueños, Onirocrítica*, traducido del griego y presentado por Jean-Yves BORIAUD, Paris, Ediciones Arléa, 1998

FREUD Sigmund, *Sobre el sueño*, Paris, Gallimard, 1988. (Traducción de *Über Den Traum*, escrito en 1901)

JUNG Carl Gustav, *Recuerdos, sueños y pensamientos,* Paris, Gallimard, 1973.

DEHERVEY DE SAINT-DENYS, Marie Jean Léon (1822-1892: un precursor en este campo), *Los sueños y los medios de dirigirlos*, Ediciones Buenos Books Internacional, 2008 (en francés). Esta obra contiene las observaciones del autor sobre sus propias experiencias de lucidez onírica.

Obras sobre experiencias científicas destinadas a probar la existencia de la telepatía en los sueños, en estado de hipsósis y durante la vigilia

WOODS Ralph L. and GREENHOUSE Herbert B., Editors, *The New World of Dreams*, Nueva York, Macmillan Publishing Co, inc., second printing 1974, p. 273 et ss et p. 405 et ss.

DOSSEY, Larry, *Reinventing Medicine: Beyond Mind-Body To A New Era Of Healing*, Nueva York, Haper Collins, 1999 relata en sus primeros capítulos todas las experiencias científicas realizadas en los Estados Unidos a veces por instituciones prestigiosas como la Universidad de Harvard, en Boston.

FERGUSON, Marilyn, La Révolution du Cerveau, Paris, J'ai Lu, 1973, título original: The Brian Revolution.

A PROPOSITO DE LA AUTORA DE ESTE LIBRO

Anna Mancini, francesa de origen italiano, vive en París y es escritora, coach y conferencista. Estimulada por su cultura familiar, se interesa en los sueños desde su niñez.

Más tarde, mientras escribe su tesis de doctorado sobre el derecho de las patentes de invención, un gran sueño cambió su vida. Ese sueño especial y muy claro le da la solución de un enigma del antiguo derecho romano que numerosos investigadores de todo el mundo no habían podido resolver.

Contra todo lo esperado, en lugar de ser recibido con entusiasmo por el medio universitario, este descubrimiento, del cual ella no menciona el origen onírico, le costó ser excluida de la universidad y ser bloqueada por su director de tesis para su carrera de jurista. Es así como elige entonces consagrarse enteramente a la investigación y la experimentación en el proceso onírico.

Observó los sueños durante varios años pero también a los soñadores e hizo experiencias para comprender cuál es la influencia del entorno y de la higiene de vida sobre el contenido de los sueños. Para sus investigaciones, aprovechó antiguas enseñanzas desconocidas sobre la psiquis humana que llegaron a nuestros días a través de vestigios de antiguos sistemas jurídicos.

Gracias a esta forma original de trabajar sobre los sueños y a la ayuda de sus propios sueños que la guiaron a lo largo de sus investigaciones, ella pudo:

Poner a punto un método innovador y eficaz de interpretación del lenguaje onírico;

una técnica que permite plantear preguntas a nuestro subconsciente y obtener respuestas cualquiera sea el área;

comprender cuáles son las condiciones favorables y las condiciones desfavorables a la llegada de improviso de los sueños creativos;

y muchas otras cosas que facilitan la vida en vigilia y aumentan la vitalidad de los soñadores.

Creó en 1995 la asociación de investigación Innovative You, con sede en París, en la cual pudo experimentar con otros, las técnicas de trabajo en los sueños que puso a punto después de largas investigaciones personales.

Anna Mancini escribió numerosos libros que podrá encontrar en su sitio internet:

www.amancini.com

Anima talleres, da conferencia y entrena a personas para que puedan aprender a utilizar, ellas también, sus sueños para mejorar todos los aspectos de su vida y también para llegar a ser más creativos. Enseña sus técnicas de creatividad onírica en Francia y en el extranjero, principalmente en los departamentos de investigación y de innovación de empresas.

Si desea ser entrenado, organizar una conferencia, un taller o una formación sobre los sueños, por favor contacte a la autora: info@amancini.com

Las conferencias, talleres y formaciones de Anna Mancini se anuncian regularmente en la parte blog de su sitio personal al cual puede abonarse.

A PROPOSITO DE LA TRADUCTORA

Lourdes Beatriz Soulés, de nacionalidad argentina por opción, nacida en Montevideo - Uruguay, se radica con su familia en Buenos Aires desde su adolescencia.

Le entusiasma aprender la lengua de sus ancestros desde temprana edad, y comienza sus estudios con su maestra de sexto grado lo que le da la base para elegir como profesión ser Traductora Pública de Francés, idioma del cual también es profesora universitaria.

Sus primeros pasos en el ámbito de la traducción se dieron en 1989 cuando trabajó en la Organización y traducción de material técnico para la elaboración del Diccionario de Educación Física Deportes y Recreación, proyecto del Ministerio de Educación y Centro Argentino de Programación Investigación y Desarrollo. Luego llegaron otros importantes proyectos: Fue Intérprete del II Congreso Latinoamericano de Áreas Metropolitanas (Comisión Nacional del Área Metropolitana de Buenos Aires) 1991; Intérprete en el Congreso Latinoamericano Frío '90 octubre de 1990; Líder-responsable de la traducción al francés del sitio Wikilearning (2007);

 Coordinadora de trabajos de Traducción en Centro de Idiomas Greenwich (2003 a 2007); Traductora Tradoline Global Linguist Solutions desde 2008; Traductora de la Asociación Deportiva Argentina de Navegantes (2009)

Su especialización como traductora jurídica le permitió además ser Intérprete en Fiscalía en Capital Federal y realizar traducciones públicas en Tribunales de La Plata y para la Embajada de Canadá

Más adelante, y siguiendo uno de sus impulsos por adquirir nuevos conocimientos, se transforma en Tester certificada lo que le permite en este momento ser la única traductora especializada en traducción de software de especificaciones técnicas en francés en Argentina.

Durante su trayectoria profesional ha colaborado como voluntaria en diversos proyectos por ejemplo Fundación LILIAN THURAN Educación contra el racismo en 2008, Proyecto Saint Exupéry desde 2002.

Si desea contactarla escriba a:lbsoules@yahoo.com

Para mayor información visite la página web: http://ar.linkedin.com/in/lourdessoules

Otros libros sobre los sueños escritos por Anna Mancini

El significado de los sueños

Estrategias para recordar los sueños

Estrategias para dormir mejor y volver a tener un descanso ideal.

How to unlock the secrets, enigmas and mysteries of Ancient Egypt and other old civilizations

Scientific creativity

Your Dreams Can Save Your Health

Videos disponibles en español en Youtube:

Sitio Web: www.amancini.com

INDICE

INTRODUCCIÓN 3

CAPÍTULO 1: ESOS ANIMALES QUE HUYEN ANTES DE LAS CATÁSTROFES NATURALES 9

CAPÍTULO 2: EJEMPLOS HISTÓRICOS DE PERSONAS QUE GUARDARON LA CAPACIDAD DE PRESENTIR LOS PELIGROS DE SU ENTORNO 13

CAPÍTULO 3: EL FRACASO DE LAS «OFICINAS DE REGISTRO DE SUEÑOS DE CATÁSTROFES» Y SUS RAZONES 21

CAPÍTULO 4: EL FUNCIONAMIENTO INFORMACIONAL DEL CUERPO HUMANO EN LA UNIÓN DEL SUEÑO Y DE LA REALIDAD 25

CAPÍTULO 5: CÓMO DESARROLLAR SUS PERCEPCIONES UTILIZANDO SUS SUEÑOS 29

CAPÍTULO 6: ¿QUÉ ES-LO QUE PROVOCA LAS FALSAS ALERTAS ONÍRICAS DE CATÁSTROFES NATURALES? 49

CONCLUSION 89

RESPUESTAS A PREGUNTAS FRECUENTES 94

BIBLIOGRAFÍA...111

A PROPOSITO DE LA AUTORA DE ESTE LIBRO 117

A PROPOSITO DE LA TRADUCTORA 121

OTROS LIBROS SOBRE LOS SUEÑOS ESCRITOS POR ANNA MANCINI 125